Michael 1

Eine ungehaltene Predigt
und andere Essays

Für Diethelm

von

Michael Zude

Heidelberg, Febr. 2007.

ISBN 3-927455-29-6
ISBN 978-3-927455-29-0

Verlag Waldkirch KG
Schützenstraße 18
68259 Mannheim
Telefon 0621-797065
Fax 0621-795025
Email: verlag@waldkirch.de
www.verlag-waldkirch.de

Titelbild : « Der Tod und das Mädchen – und ich » (1994)
© Verlag Waldkirch Mannheim, 2006
Alle Rechte vorbehalten. Nachdruck verboten

Michael Trede

Eine ungehaltene Predigt
und andere Essays

Verlag Waldkirch

Vorwort

Dies ist eine Sammlung von Kurzgeschichten, Betrachtungen, Essays, eine Predigt ist auch dabei, die sich in wenigen Ruhestandsjahren angesammelt haben. Sie alle haben nur eines gemeinsam: Sie sind wahr!

Zugegeben: Einiges wurde verfremdet, manche Namen geändert, um noch lebende Zeitgenossen zu schonen (sich selbst hat der Autor allerdings weniger geschont). Und dann und wann ist die Fantasie mit ihm durchgegangen.

Aber das wird der geneigte Leser schon selbst merken...

Und die Bilder? Sie entstanden im selben Zeitraum. Auf weiten Reisen oder Streifzügen durch unsere wunderschöne Wahlheimat, die Kurpfalz, alle in der Natur, vor Ort in Pastell gemalt.

Frau Barbara Waldkirch danke ich, dass sie diese bunten Blätter aufgesammelt, und in eine ansprechende Form gebunden hat.

Diese „bunten Blätter" widme ich

Meiner Frau,
unseren fünf Kindern
und zwölf Enkeln
zur Goldenen Hochzeit.

September 2oo6
Michael Trede

Inhalt

Vorwort 4
Inhalt 6
Eine ungehaltene chirurgische Predigt 7
Als Papa die Biotonne vergaß 17
Ein unglaublicher Zufall 23
Der Cellovirtuose 29
Wasser - und Wasser lassen 34
Prejudice and Pachelbel in Africa 44
Clovelly 50
Die Geschichte vom Croissant 54
In die Brombeeren 60
Die verlorene Wette 70
Wenn der Vater mit dem Sohne 80
Die Wahrheit erfinden 88
Warum hast Du das Buch denn geschrieben? 100
Die Ehe ist wie das Skifahren 108
Der alte Clown 114
C.V. 122

Eine ungehaltene chirurgische Predigt

(gehalten am 9.3.03 in der Kapelle des Berufsförderungswerkes in Heidelberg.)

Wie kommt ein Chirurg auf die Kanzel?

werden Sie sich vielleicht fragen. Ich will es Ihnen erklären.

Jeder weiß es: die Krankheit kennt keine Sonn- und Feiertage.

Und so war auch an jedem Sonntagmorgen in meiner Klinik eine Wachstationsvisite für die Schwerkranken angesetzt, um 9 Uhr. Eigentlich „cum tempore", also eher um ein Viertel nach neun.

Und das war just der Augenblick, in dem die fernen Kirchenglocken zu läuten begannen. Wir hätten es also niemals rechtzeitig in die Kirche geschafft. Meine Assistenten nicht, ich nicht und die Schwerkranken schon gar nicht.

Für die Patienten mag die Visite, der Besuch, das Gespräch mit den Frauen und Männern in weißen Kitteln so etwas wie ein „Gottesdienst" gewesen sein. Immerhin gab es da für sie, wie in der Kirche, Zuspruch, ein wenig Trost und Hoffnung.

Und die Assistenten? Die von Berufs wegen „lebenslänglich" vom Sonntagsmorgengottesdienst ausgeschlossen waren? Für sie wurde „Das Wort zum Sonntag" eingeführt: Ein Vers oder zwei, die vom

Prediger Salomo, von Jesus Sirach oder dem Apostel Jakobus zum Beispiel, direkt an uns Chirurgen gerichtet schienen. Ich habe sie vor der sonntäglichen Wachstationsvisite aus meiner Familienbibel vorgetragen.

Die Assistenten wussten anfangs nicht, was sie davon halten sollten. So etwas hatte es noch nie gegeben, in keiner Chirurgischen Klinik. „Nun ist er völlig übergeschnappt!" mögen sich einige gedacht haben, während andere mit hochgezogenen Augenbrauen vielsagende Blicke wechselten. Aber sie hörten alle zu. Etwas anderes blieb ihnen auch gar nicht übrig.

Nach und nach begannen sie Fragen zu stellen: wo man diesen oder jenen Spruch wohl wieder finden könne. Man wolle das zu Hause noch mal nachlesen. Und ob Sie es glauben oder nicht, oft musste dann eigens zu diesem Zweck eine Bibel erstmals angeschafft werden.

Predigten wurden keine gehalten. Die blieben sozusagen ungehalten. Dazu fehlte ja auch die Zeit.

Aber die Sprüche wurden angenommen, enthielten sie doch alle einen Kern Weisheit für den chirurgischen Alltag. Und einen ebensolchen Text, für eine jener ungehaltenen chirurgischen Predigten, möchte ich nun meinen Ausführungen vorausschicken. Sie finden ihn im Brief des Jakobus, Kap. 3, Vers 3-5:

„Wenn wir den Pferden den Zaum ins Maul legen, dass sie uns gehorchen, so lenken wir ihren ganzen Leib.

Siehe, auch die Schiffe, ob sie wohl so groß sind und von starken Winden getrieben werden, werden sie doch gelenkt mit einem kleinen Ruder, wo der hin will, der es regiert.

So ist auch die Zunge ein kleines Glied und richtet große Dinge an.

Siehe, ein kleines Feuer, welch' einen Wald zündet's an".

Der Apostel Jakobus hat vor 2000 Jahren schon gewusst, was heute unbestritten ist:

Die Zunge, dieses kleine Glied, regiert die Welt. Allabendlich wird uns auf dem Bildschirm demonstriert, wie Rhetorik und Schlagfertigkeit Macht ausüben, nicht nur über die unmittelbaren Teilnehmer einer Gesprächsrunde. Auch über Hunderttausende, die nur passiv vor dem Bildschirm sitzen und lauschen.

Als klassisches Beispiel für die Macht der Zunge gilt jene Leichenrede des Antonius (2.Szene, 3. Akt) in Shakespeares „Julius Caesar".

„Friends, Romans, Countrymen - lend me your ears!"

(Nebenbei bemerkt, absolut „politisch korrekt" wäre diese Anrede heute übrigens nicht.

Aber was wäre aus ihr geworden, wenn Mark Anton wie einer unserer Politiker begonnen hätte (?):

„Mitbürgerinnen und Mitbürger, Freundinnen und Freunde, Römerinnen und Römer - hört mich an!").

Was war passiert? Julius Caesar, der Tyrann, war gerade von einer Verschwörergruppe um Brutus und Cassius ermordet worden. Da geben diese mit leichtsinnigem Großmut Antonius, dem Intimus Caesars, Gelegenheit, auf die Rechtfertigungsrede des Brutus öffentlich im Forum zu antworten. Und Antonius weiß diese Chance zu nutzen. Noch zu Beginn seiner Rede spürt er genau, dass der verunsicherte Pöbel zur Seite der Verschwörer neigt. Also beginnt er Brutus zu schmeicheln, allerdings mit leicht ironischem Zungenschlag. Und dann dreht er, Satz um Satz, an der Überzeugungsschraube. Nach nur 12 Versen hat er, allein durch seine Zunge, sein Ziel erreicht: Das Volk ruft nach Rache an den Attentätern.

Das Fatale ist, dass es heute immer weniger auf den Inhalt, dafür aber umso mehr auf die Form ankommt. Nicht so sehr *was*, sondern *wie* etwas gesagt wird, hinterlässt Spuren. Das gilt für Politiker und Kongressredner ebenso wie für Prediger.

Z.B. „Jenninger"- die Rede, die der damalige Bundestagspräsident Dr. Philipp Jenninger am 9. November 1988 anlässlich der Gedenkveranstaltung zum 50. Jahrestag der Reichsprogromnacht hielt. Wenn man diese Rede heute „im stillen Kämmerlein" nachliest, versteht man die ganze Aufregung nicht. Der redliche Jenninger war nie und nimmer Nazi. Aber ich erinnere mich an meine Zweifel, die während der Fernsehübertragung in lähmendes Entsetzen umschlugen, als Jenninger den NS-Staat, der enddreißiger Jahre heraufbeschwor und dabei die Anführungszeichen außer Acht, die Grenze zwischen Zitat und Eigenrede im

Unklaren ließ. Ein Sturm der Empörung war die Folge. Nicht *was*, sondern *wie* er es gesagt hatte, brach ihm das Genick. Der Unglückliche verlor alle Ämter; wegen seiner Zunge.

Nun aber zur Bibel.

Ich weiß nicht, wie Theologen darüber denken, aber ich glaube, dass das Evangelium des Johannes unsere These irgendwie bestätigt. Heißt es doch gleich zu Beginn:

„Im Anfang war das Wort, und das Wort war bei Gott und Gott war das Wort". (Sie erinnern sich, auch die Schöpfungsgeschichte beginnt mit den Worten: „Und Gott *sprach*: es werde Licht!").

Und bei Johannes geht es dann weiter:

„Alle Dinge sind durch dasselbe (also das Wort, Gottes Wort) gemacht und ohne dasselbe ist nichts gemacht, was gemacht ist."

Der größte Redner von allen, der (natürlich nicht nur) mit seiner Zunge die Welt veränderte, ist Jesus Christus.

Doch wenn wir den Überlieferungen der Evangelisten folgen, ging er äußerst sparsam und konzentriert mit seiner Zunge um.

Ein einziger Satz, 13 Worte, genügten z.B. um das Problem der Ehebrecherin zu lösen (Johannes, Kap.8, Verse 3-11):

„Wer unter euch ohne Sünde ist, der werfe den ersten Stein auf sie".

Aber da war noch mehr. Es stand ja viel auf dem Spiel; das Schicksal der unglücklichen Frau und auch sein eigenes. Jesus erkannte die Falle, die ihm die Schriftgelehrten und Pharisäer hier stellen wollten. Es war ihr Ziel „ihn zu versuchen, damit sie ihn verklagen könnten."

Und da griff er zu einem probaten Mittel der Rhetorik: er verstärkte die Wirkung seiner Zungensprache, das *was* er sagte, durch Anwendung der Körpersprache, *wie* er es sagte. Ist Ihnen das auch aufgefallen? Da lesen wir: „Aber Jesus bückte sich und schrieb mit dem Finger auf die Erde". Er tat es während sie ihn fragten, und er tat es ein zweites Mal, nachdem er geantwortet hatte. Warum tat er das? Was hat er da auf die Erde „geschrieben"?

Eine Deutung wäre, dass er die listigen Versucher mit ihren eigenen Mitteln treffen wollte. Er wollte sie verunsichern. Vielleicht mit irgendeinem beliebigen Gekritzel. So als ob er nur halb hinhörte, weil die Lösung für ihn von vornherein klar war.

Doch was hat das alles mit uns zu tun? Welche Lehren können Sie hier im Berufsförderungswerk daraus ziehen? Viele, sehr viele, meine ich.

Das kleine Feuer der Zunge zieht sich wie ein roter Faden auch durch unser Berufsleben.

Das beginnt mit mündlichen Prüfungen bei Meister- oder Staatsexamen, geht über Bewerbungsgespräche um eine Anstellung bis hin zum Probevortrag vor irgendeiner Berufungskommission.

Inzwischen wissen das alle. Es gibt aufwendige (und kostspielige) Schulungskurse für Bewerber. Sie lernen dabei ihre Rolle vor laufenden Videokameras zu spielen. Und kontrollieren dann im Play-back ihre eigene Körpersprache.

Und so manche Berufungskommission fällt darauf rein. Der Auftritt, die Rhetorik, das ganze Erscheinungsbild hat überzeugt. Erst in der Alltagspraxis stellt sich dann manchmal heraus, dass der Auserwählte seine Versprechen nicht alle einlösen kann. Nicht etwa, dass er sein Handwerk nicht beherrscht (auch das kommt vor), sondern es mangelt an seiner Kommunikationsfähigkeit, eben an seiner „Zunge".

Nehmen Sie meinen Beruf. Die Zunge am Krankenbett, in der Sprechstunde, ist so ziemlich das allerwichtigste Instrument des Chirurgen. Sie ist es, die die Abwehrkräfte des Patienten stärken, den kleinen Unterschied zwischen Selbstaufgabe oder Genesungswille ausmachen kann.

Ein Beispiel nur. Bei diesem übersensiblen 59-Jährigen, der eigentlich wegen einer ganz anderen Harmlosigkeit in die Klinik eingewiesen wurde, entdeckten wir zufällig auf der Röntgenaufnahme einen Tumor im Oberlappen der linken Lunge. Erst jetzt stellt sich heraus, dass ein Lungenfacharzt(!) diesen Befund bereits 18 Monate lang beobachtet, zunächst verharmlost und dann, als das Tumorwachstum unübersehbar wurde, als ohnehin völlig inoperabel abgetan hatte.

Nachdem wir Metastasen weitgehend ausgeschlossen hatten, gelang es in langen Gesprächen (mit Engelszungen, sozusagen), den Kranken von der dringenden Notwendigkeit einer Operation zu überzeugen. Schließlich war alles gut vorbereitet und der Operationstermin für den folgenden Morgen festgelegt.

Doch wir hatten nicht mit dem internistischen Konsiliarius gerechnet, den wir zur Bestätigung der Narkosefähigkeit, eigentlich eine Formsache, hinzugebeten hatten. Spät am selben Abend wurde ich noch einmal ans Bett unseres Patienten gerufen. Dort saß er nun, völlig aufgelöst und schluchzte: Nein! Er ließe sich nicht operieren. Offenbar hatte dieser Internist ihm klar gemacht, dass das Risiko zu groß, die Heilungschance zu gering seien.

Nun hing alles von einem allerletzten Gesprächsversuch ab. Wenn man so will - von der „Zunge".

Am nächsten Morgen wurde der linke Lungenoberlappen mitsamt dem Tumor entfernt. 14 Tage später konnte unser Patient die Klinik wieder verlassen. Und noch über 15 Jahre lang erreichten uns seine Dankesschreiben zu Weihnachten.

Wenn der Apostel Jakobus, und ich soeben, von der Kraft der Zunge sprachen, so ist natürlich nicht der sensible kleine Muskel inmitten der Mundhöhle allein gemeint. Ohne Steuerung durch Herz und Hirn, ganz besonders durch das Herz, ist dieser Muskel nicht nur wertlos. Er kann auch gefährlich werden.

Da ist es immer gut an den Rat, an das Gebet des Jesus Sirach zu denken (Kap.22, Vers33):

„O, dass ich könnte ein Schloss an meinen Mund legen und ein festes Siegel auf meine Lippen drücken, dass ich dadurch nicht zu Fall käme, und meine Zunge mich nicht verderbte!"

Und diesen Rat werde ich nun augenblicklich befolgen.

(Abtritt von der Kanzel).

Alter Jüdischer Friedhof in Prag (17.6.03)

Als Papa die Biotonne vergaß

...dabei hatten wir sie ja schon bei der letzten Leerung vergessen. Wir, d.h. meine Frau und ich gemeinsam. Das war kurz nach Weihnachten. Jetzt stand sie schon zwei Wochen vor dem Haus, randvoll. Und stank fürchterlich.

Für Dienstag war „Biotonne" angesagt. Endlich. Meine Frau stellte sie vorsichtshalber schon Samstag an den Straßenrand, bevor sie für drei Tage zu einem Konzert nach Berlin fuhr. Sie traute mir nicht. Sie dachte, ich würde die Biotonne vergessen. „Ach was", dachte ich, „die vergess' ich bestimmt nicht!", und rollte sie zurück in ihr kleines Vordergartenhäuschen. Was würden die Nachbarn sagen, wenn unsere Biotonne am Straßenrand steht und stinkt? Und das schon am Sonntag?!

So verging der Sonntag, zu aller Zufriedenheit. Ihm folgte der Montag. Aber für einen Rentner verschwimmt der Kalender irgendwie. Jeder Tag ist jetzt ein Sonntag. Auch ein Dienstag ist nichts Besonderes. Am Montag also hab ich bis spät in die Nacht an einem Vortrag gearbeitet. Es ging gut von der Hand. Ich war wie aufgedreht und konnte lange nicht einschlafen. Dann schlief ich doch ein. Fest.

Und ich träumte. Ich träumte, ich läge in einem Häuschen mitten in einer südländischen Stadt. Enge Gassen. Kopfsteinpflaster. Da hörte ich von weitem ein Ächzen und Stöhnen. Es kam näher und näher. Und immer wieder kreischte ein Aufheulen durch die

Straßen. Dann hörte man das Knirschen und Rasseln schwerer Ketten. Dieses unheimliche Geräusch kenne ich doch? Das können nur Panzer sein, feindliche Panzer. Und jeden Augenblick werden sie um unsere Straßenecke biegen und ihr Panzerrohr auf mein Fenster richten...!!

Schweißgebadet wache ich auf. Gottseidank, nur ein Albtraum! Warum hatte ich mir auch vor acht Tagen „Die Brücke" noch einmal im Fernsehen angetan? Aber was war das? Dieses Geräusch kenne ich doch. Nur war es jetzt kaum noch zu hören: das Ächzen und Donnern - des... des Müllwagens!!

Mit einem Satz war ich aus dem Bett. Es war Dienstag! Dienstag, 7.53 Uhr. So wie ich war, barfuß in nassgeschwitztem Pyjama sauste ich vor die Tür. Draußen war alles friedlich, nur empfindlich kalt. Links am Straßenrand stand die Biotonne der Nachbarin B. Ich rannte hin.

Vielleicht waren sie ja noch nicht da gewesen. Ich hebe den Deckel: Die Tonne ist leer. Verzweiflung packt mich. Was wird meine Frau sagen? Wie Recht hatte sie doch gehabt - am Samstag. Und wie Recht hat sie, wenn sie den Papa nur noch „Päppchen" nennt. Und jetzt? Jetzt geschieht es mir ganz Recht, wenn daraus nur noch ein „Päppselchen" wird.

Was kann ich jetzt noch tun? Soll ich unsere Biotonne an den B.'schen Straßenrand rollen, und dafür ihre in unserem Häuschen verschwinden lassen? Beide sind sie braun; sie gleichen sich, wie ein Ei dem anderen.

18

Ein verstohlener Blick in die Runde bestätigt: alle nachbarlichen Fenster sind noch blind...

Quatsch! Das kannst du doch nicht machen.

Ich rase zurück ins Haus. Ich habe einen Plan, - eine letzte verzweifelte Möglichkeit, denn noch dröhnt der „Panzer" - wenn auch in weiter Ferne. Und wenn das nicht klappt, kann ich mich immer noch im Wald verstecken...

Schnell!! Rein in die Pantoffeln, den alten Mantel übergeworfen, die Pelzmütze auf den verwuselten Kopf, die Garage auf.

Den Haustürschlüssel nicht vergessen. Was würde Frau B. denken, wenn der Herr Professor so früh morgens im Pyjama um seinen eigenen Haustürschlüssel bittet, weil er behauptet die Tür sei zugeschlagen...?

Mit einem Satz hält das Auto neben der Biotonne. Schnell die Tür zum Laderaum geöffnet. Aber— wuchten Sie mal eine übervolle, stinkende Biotonne einen Meter hoch und in den Laderaum eines Opel-Caravans! Fast hätte ich's auch aufgegeben. Mit letzter Kraft, und ohne Rücksicht auf die Bandscheiben, balanciere ich sie tatsächlich auf der Ladefläche.

Nur: sie ist zu hoch! Sie kann unmöglich da drin stehen. Also muss sie eben flach liegen, mit dem Deckel gegen die Wand geklemmt, so, dass er nicht aufgehen kann.

Nun schnell rein hinters Steuer. Ich rase zur ersten Straßenkreuzung. Zum Teufel mit der „30 km"-

Geschwindigkeitsbegrenzung! Ich schaue nach rechts. Dann nach links: DA! Tatsächlich - ganz hinten an der übernächsten Querstraße hält und blinkt der orangenriesige Müllwagen.

Also biege ich links ab. Aber ich komme nicht ran. Zwei Autos stehen schon hinter dem Riesen Schlange und können auch nicht überholen.

Verzweifelt hupe ich mit Licht und Horn. Da biegt er auch schon rechts ab und verschwindet zügig Richtung Hauptstrasse. Meine beiden „Vorgänger" auch. Gottlob biegen sie aber an der Hauptstrasse links ab, Richtung Stadtmitte, zur Arbeit vermutlich. Das Müllauto dagegen donnert nach rechts in die Feudenheimer Hauptstrasse. Es fährt viel zu schnell. Sicher ist es längst voll und fährt zur Mülldeponie. Feierabend. Mit einem gewagten Spurt hefte ich mich trotzdem an seine Hinterräder. Da blinkt es plötzlich nach rechts und rumpelt auf den Bürgersteig - direkt vorm Bäcker Grimminger. Und - Oh Wunder! - dort hält es. Ich tu's ihm nach und trete auf die Bremse. Mit einem Satz springe ich raus. Vergesse den Motor abzustellen, vergesse Autoschlüssel, Licht - alles egal.

Ich renne vor und hämmere ans Fahrerfenster. Der Fahrer guckt leicht erstaunt - wohl wegen der Pyjamahosen. Dann kurbelt er das Fenster runter. Ich bringe mein Anliegen vor, atemlos: „Könnten Sie...wäre es vielleicht möglich... wir haben Sie schon vor zwei Wochen verpasst..."

„Abba klaar!" und zwei Männer springen noch einmal heraus aus ihrem Müllwagen. Ich mache mich inzwischen an der Hecktür des Caravans nützlich. Einige Feudenheimer sind auf ihrem täglichen Weg zum Bäcker Grimminger. „Mensch, guggemol do! De Herr Professer - in Schhloofozug un Pelzmitz – zerrt die Milltonn iwwer's Trottoir?!"

„Guten Morgen, Herr Professor Drähde!" höre ich bereits die Verkäuferin rufen, überlaut wie an jedem Morgen. Aber bitte nicht jetzt!

Gutmütig hievt der Mannemer Müllmann unsere Biotonne hoch, mit links, und der Orangenriese schluckt alles.

„Würden Sie den vielleicht auch noch mitnehmen?" frage ich und halte ihm ohne große Hoffnung einen übervollen Biosack entgegen.

Mit einem „Abba klaar" wird auch der geschluckt.

Als ich wieder hinterm Steuer sitze, fällt mir ein Stein vom Herzen. Ich bin gerettet, eben gerade noch. Unsere *Ehe* ist gerettet!

Eselspfad, Heidelberg (14.6.06)

Ein unglaublicher Zufall

Das ist DIE letzte Geschichte des Jahres - wörtlich. Und sie passierte gestern, am 30. Dezember 2003.

„....aber auf eines bin ich ein bisschen stolz - dass ich nämlich meine Tochter so erzogen habe, dass sie um nichts in der Welt bei IKEA einkaufen würde."

Also sprach einmal Herr Dr. X mit einem süffisanten Lächeln unter seinem gepflegten Schnurrbärtchen.

Diesen Spruch hab ich mir gemerkt. Und ich hatte auch sofort ein schlechtes Gewissen. Denn a l l e meine vier Töchter, auch der Sohn, kaufen schon mal bei IKEA. Ich war selber noch nie in einem dieser Verkaufstempel gewesen. Doch in den schlichten, praktischen Haushaltungen meiner Töchter findet sich so manches gute Stück aus Schweden. Und wenn ich frage, wo denn dieses nette Regal oder jener Spargelschäler herkommt..? – „Von IKEA, natürlich!" ist die Antwort.

Und jedes Mal sacke ich innerlich noch ein Stückchen mehr zusammen und frage mich: „Was hab' ich falsch gemacht? Sollte ich mich schämen?!"

Herr Dr. X dagegen ist ein anspruchsvoller, ein feinsinnig-kultivierter Gentleman, ein Kunsthistoriker, Kustos eines kleinen aber feinen Museums. Er ersteigert seine antiken Möbel bei Sotheby's in Knightsbridge und seinen Schmuck in Paris.

Schmuck? Natürlich hat er Schmuck. Den verkauft er sogar.

Aber genauso wie Dr. X um nichts in der Welt seinen Fuß - ganz zu schweigen von den Füßen seiner Tochter - also, seinen Fuß über IKEAs Schwelle setzen würde, genau so verbinde ich seinen Namen mit dem schwedischen Möbelgiganten. Höre ich „IKEA", schalten meine Synapsen augenblicklich auf „X" und zeitgleich auf „schlechtes Gewissen" samt schlechtem Geschmack.

Nun begab es sich am vorletzten Tage des Jahres 2003, dass ich mich doch zum allerersten Mal in meinem Leben zu IKEA aufmachte. Es lag irgendwo auf dem flachen Lande, zwischen Walldorf und seinem Autobahnanschluss. Man würde mich schon nicht gleich bemerken - dachte ich.

IKEA kündigte sich früh an. Schon drei Kilometer vor dem Möbelmekka gerieten wir in einen Stau. „Wir", das sind meine Frau und ich. Und der Stau war darauf zurückzuführen, dass zwei Drittel der Mitbürger des Rhein-Neckar-Dreiecks dasselbe Ziel im Auge hatten. Die Wintersonne schien, „zwischen den Jahren" ruhte die Arbeit, die Schule sowieso, und außerdem war dies die erste Einkaufsgelegenheit nach vier freien Tagen. Jetzt galt es Gutscheine einzulösen, Geschenke umzutauschen und nach neuen Überflüssigkeiten zu stöbern.

Doch was wir dort erlebten, übertraf unsere schlimmsten Befürchtungen.

An legales Parken war nicht zu denken. Der Parkplatz, auf dem man mühelos zwei Fußballstadien untergebracht hätte, quoll über. Wir ließen das Auto also, hinter einer langen Schlange anderer Parksünder, im absoluten Halteverbot der Zufahrtstraße und legten die letzten eineinhalb Kilometer zu Fuß zurück.

Nachdem wir uns endlich durch den Eingang in dieses „Kolosseum" gezwängt hatten, waren wir sogleich benommen vom lärmenden Gedränge, das irgendwo zwischen Woodstock und Alexanderschlacht (die von Albrechtsdorfer) angesiedelt schien.

Meine Frau suchte einen japanischen Lampenschirm, ich ein harmloses Küchenmesser. Aber selbst wenn wir fänden, was wir suchten, war völlig ungewiss, ob wir einander jemals wiederfinden würden in diesem Moloch. Wir verabredeten uns im hoffnungslos überfüllten Restaurant - „..in 30 Minuten."

Und schon waren wir getrennt. Ich wurde mehr gedrängt und geschoben als, dass ich mir selber planvoll einen Weg durch das Menschengewusel bahnen konnte. Immerhin, ich fand mein Messer. Aber nun war die halbe Stunde abgelaufen. Was tun, überlegte ich: Wenn ich das Messer erst mal einstecken würde, um mich gleich zum Restaurant durchzukämpfen, schrillen spätestens beim Nachtisch alle Alarmglocken und man führt mich als Ladendieb ab. Geh ich erst zur Kasse, erreiche ich das Restaurant kaum vor Ladenschluss und meine Frau wäre für den Rest des Jahres verärgert.

Ich entschied mich für die ungefährlichere Variante und kämpfte mich mit Händen und Füssen, Meter um Meter, durch das Gewimmel in Richtung Kasse. Doch was heißt hier „Kasse"? Am Ende von nicht weniger als 22 dicht- und doppelt gedrängten Menschenschlangen, jede etwa 80 Meter lang, ahnte man in unscharfer Ferne jeweils eine von 22 verschiedenen Kassen. Erschöpft schloss ich mich einer dieser Schlangen an.

Während ich etwas Luft holte, geschah das erste Wunder: Keine zwei Meter vor mir in derselben Schlange gewahrte ich einen mir vertrauten beigen Blumentopfhut. Richtig! Darunter befand sich meine ebenso erschöpfte Frau - samt japanischem Lampenschirm. Unter zehntausend Mitmenschen hatten wir zwei uns mirakulös gefunden. Einfach so.

Ich konnte gerade noch stammeln: „Jetzt versteh ich Dr. X!", als meine Frau mich schon hinter sich herzog, weil sie mit weiblich-sicherem Hausfraueninstinkt eine andere Schlange, etwas weiter rechts, entdeckt hatte, die nur 70 Meter lang schien. Mit geschickter Körpertäuschung und einem Diagonallauf wie beim Rugby, der etwa 10 Meter einbrachte, erreichten wir diese etwas kürzere Schlange.

Und hier geschah das zweite Wunder!

Zuerst fiel mir das Schurrbärtchen auf, keine zwei Meter vor uns in der neuen Schlange. Zwar waren die Haare etwas kürzer (am Ende sogar gefärbt?) und das Gesicht jünger... Aber dann war ich mir doch sicher genug:

„Entschuldigung, sind Sie nicht Herr Dr. X?"

Er war's!

Als ich ihn an den Spruch, seine Tochter betreffend, erinnerte, lachte er etwas unsicher: „Ja, ja Sie haben Recht. Das hab ich mal gesagt. Aber nun, ja, mein Freund hier hat mich überredet, wir brauchten noch so eine Kleinigkeit....". Und dann lachten wir alle vier über diesen Zufall.

Nun, ich für meinen Teil hatte mehr als genug und schwor mir: „Nie wieder IKEA!"

Und zum Mittagessen fuhren wir nach Hause.

Prost Neujahr!

Der Langkofel über Wolkenstein (18.1.05)

Der Cellovirtuose

Mein Schwager ist Cellist. Einer der besten unseres Landes. 17 Jahre lang war er Solocellist der Berliner Philharmoniker. Er ist aber nicht nur ein großer Musiker, er ist der beste Lehrer, der sich selbstlos für seine Schüler einsetzt. Aus aller Welt strömen sie zu ihm. Von den berühmten 12 Berliner Cellisten stammen sechs aus seiner Klasse, auch der Solocellist. Doch mich begeistert vor allem sein Spiel, seine Ausstrahlung. Mit uneitlem, intelligenten und hellwachem Einsatz, mit bravouröser Technik mit seinem dahinschmelzenden Ton begeistert er jedes Mal neu sein Publikum. Und mich. Wen wundert's, dass ich weite Reisen auf mich nehme, um ihn und sein Cello zu hören? Und alle anderen Cellisten meide!

Aber dann saß ich doch im Konzert eines anderen. Das war am vergangenen Dienstag. Es ist Frühling – "Heidelberger Frühling". Wir haben Gäste aus Paris und wollen ihnen etwas bieten. Also besorge ich vier Karten für ein Konzert in der altehrwürdigen, holzgetäfelten Aula des benachbarten Universitätsstädtchens. Auf dem Programm steht ein Sonatenabend mit dem weltberühmten russischen Cellisten Boris Pergamenschikow. Inzwischen lehrt er, wie auch mein Schwager, die beiden kennen und schätzen sich übrigens sehr, an einer deutschen Musikhochschule. Am Klavier wird er begleitet von einer Landsmännin. Auch sie ist längst nach Deutschland übergesiedelt, als Pianistin, Komponistin und Lehrerin an einer Städtischen Musikschule.

Freundlicher Applaus plätschert zögerlich von hinten durch die Aula, wie eine unengagierte La Ola-Welle. Die Künstler betreten das Podium. Doch der Weg dorthin ist lang. Er führt spießrutenähnlich durch das Spalier der Zuhörer auf ihren Sitzen zu beiden Seiten. Sofort fällt uns auf, dass die beiden schon jetzt abgekämpft und müde wirken. Und beide scheinen sie Trauer zu tragen. Er einen allzu weiten schwarzen Anzug; sie ein schlichtes Anthrazitwollkleid. Fast sieht es aus, als ob er sein Cello hinter sich herschleift. Dabei hält er ja doch das wertvolle Instrument knapp über dem Parkett vor sich her. Sie folgt ihm halb gebückt mit runden Schultern, einem Witwenbuckel, obgleich der noch keine 50 Lenze erlitten hat. Und nun verbeugen sie sich knapp und freundlich, aber ohne die Spur eines Lächelns. Vielleicht ist es das Ende einer längeren Tournee. Vielleicht ist alles für sie nur zur Routine geworden. Oder vielleicht mögen sie uns einfach nicht – das deutsche Publikum. Man weiß ja, dass beide jüdischer Abstammung sind. Schatten von Leningrad, Stalingrad, Oswieczim huschen vorüber. Aber schließlich sind sie doch freiwillig in dieses „Land der Täter" übergesiedelt. Eigenartig, wie diese und andere Gedanken immer wieder aufkommen, obgleich das Konzert inzwischen längst begonnen hat.

Diese erste Cellosonate von Johannes Brahms habe ich schon einmal besser gehört - von meinem Schwager. Aber Pergamenschikow kämpft immerhin tapfer gegen das Donnergrollen des offenen Konzertflügels. Beinahe verbissen und ein wenig verkrampft stürzt er sich in die Kontrapunktik des Finalsatzes. Bei aller

Voreingenommenheit erkenne ich dann und wann, das Aufblitzen seines großen Könnens in den tiefen dunklen Klangregistern des Violoncellos.

Die knappe Verbeugung findet ihr Echo im verhaltenen Applaus. Oder vielleicht umgekehrt.

Es folgt das "Große Duett" von Galina Ustvolskaya, einer weiteren Russin, die nicht erst seit der Auszeichnung mit dem Heidelberger Künstlerinnenpreis (1992) hohes Ansehen genießt. Aber dieses große Duett ist zu groß geraten, oder besser gesagt, zu lang. Länger übrigens, als die meisten Symphonien der Komponistin. Das Publikum leidet und fast scheint es, als ob auch die Interpreten leiden. Dabei spielen sie doch wohl alles freiwillig – oder? Da helfen auch die anfänglich eindrucksvoll harten Schläge des Klaviersolos oder die schrill hochgespannten Triller des Violoncellos nur wenig. Die Künstler entschleichen gebückt zur Pause und kein Applaus holt sie noch einmal zurück.

Der zweite Teil beginnt da, wo der erste aufgehört hatte: Mit dem Stück einer russischen Komponistin. Diese "Dreibogentänze" aus der Feder der Pianistin des Abends sind immerhin kürzer. Kurzweilig sogar. Bei der anschließenden Verbeugung erntet sie – und wir mit ihr – ein erstes Lächeln des Cellopartners. Sind die beiden auch im Leben Partner? Allmählich wird uns das melancholische Duo sympathischer. Und eines hat Pergamenschikow immerhin mit meinem Schwager gemein - die Bescheidenheit, bei aller Virtuosität auf dem Instrument.

Auch beim letzten Stück des Abends bleiben wir in Russland und in der Moderne. Allerdings ist es die cantable und mitreißend rhythmische Moderne des späten Sergej Prokovjev. Vom kommunistischen Kulturbetrieb seines Landes geächtet, verbittert und krank konnte er die Uraufführung seiner Cellosonate Op. 119 nicht selber miterleben. Er starb - welche Ironie des Schicksals - am selben Tag wie der Tyrann Jozip Wissarionowitsch Djugaschwilli, genannt Stalin. Mit artigem Beifall dankt das Publikum. Die beiden Musiker, sichtlich erleichtert und nun auch freundlicher, werden sogar noch einmal auf das Podium zurückgeholt. Aber es reicht nicht mehr für eine Zugabe.

Das also war der große Boris Pergamenschikow. Leicht enttäuscht fahren wir mit unseren Gästen nach Hause. Gerade waren wir angekommen, als auch schon das Telefon klingelte. Welch ein Zufall! Es ist der Schwager aus Berlin. Er habe die Noten für das nächste Konzert doch gerade gefunden. „Wie bitte?... Ach, Ihr ward bei Boris?... Enttäuscht?... Ja wisst Ihr denn nicht, der Ärmste hat Krebs?!... Ja, Metastasen... Unheilbar ..."

Nachtrag: Ein Jahr später war er tot. Mein Schwager wurde gebeten an seinem Grab einige Worte zu sprechen.

Offenbar war Boris Pergamenschikow nicht nur ein begnadeter Virtuose, sondern auch ein wunderbarer Lehrer. Noch während seines allerletzten Klinikaufenthalts hat er bis zum Schluss seine Schüler in irgendeinem Besprechungsraum der Klinik unterrichtet.

Heidelberg gegen die Herbstsonne (28.10.05)

Wasser - und Wasser lassen

Ich war schon am Einschlafen, als an einem dunklen Novemberabend vor fünf Jahren das Telefon schrillte:

„Opi? Ich muss einen Aufsatz schreiben - über fließendes Wasser („running water") –bis Montag. Hast Du 'ne Idee? Kannst Du mir helfen?"

Es war unser Enkel Basile, einer von 12, aus dem sonnigen Südkalifornien, Los Angeles. Ganz genau: aus Santa Monica.

(Ich hasse es, wenn sie mich „Opi" nennen; es gibt mir jedes Mal einen Stich in die Magengrube. Aber was soll ich machen? Vornehmere, klangvollere Titel waren schon vergeben).

„OK, Bale, ich will sehen, was ich tun kann". Und bald war das Gespräch beendet.

„Kein Wunder", dachte ich, „dass sich die Kalifornier mit Wasser beschäftigen. Es ist knapp dort, besonders unten im Süden."

Als wir vor 40 Jahren ein „Sabbatical" in Los Angeles verbrachten, waren wir hingerissen von der Flora: Das Gras grüner als grün, diese flammenden Bougainvilleen, leuchtenden Oleander und bizarren Strelizien! Aber wir wurden ein ungutes Gefühl nicht los: Wenn hier die pausenlos rotierenden Sprinkler nur für ein, zwei Wochen ausfielen, würde alles verdorren und dem Flugsand der nahen Wüsten zum Opfer fallen. Diese warteten nur darauf, das durch künstliche Bewässerung abgetrotzte Land zurückzuerobern.

Nun war ich damals gerade aus einem anderen Land zurückgekehrt, in dem Wasser auch eine Schlüsselrolle spielt – aus Nepal. Nicht, dass Wasser dort Mangelware wäre. Ein Drittel des Landes besteht aus Eis und Schnee und reißende Flüsse stürzen und brodeln vom Himalaja in die südliche Ebene. Aber „fließendes Wasser", sauberes aus dem Wasserhahn, ist rar. Und so schrieb ich die nachfolgenden Gedanken an meinen Enkelsohn.

„Wenn ich so darüber nachdenke, dann gibt es eine Selbstverständlichkeit, ohne die der durchschnittliche WASP (ein weißer anglo-sächsischer Protestant) in Eurem Lande aufgeschmissen wäre. Die Rede ist vom fließenden Wasser: Trinkwasser, Duschwasser und – pardon! natürlich vom Wasserklosett. Deshalb wäre es äußerst lehrreich für sie/ihn, einmal für vier Wochen durch Nepal zu trecken. Viele tun es. Wenige tun es zweimal. Und hier ist der Grund:

Bis vor Kurzem gab es in ganz Nepal kein trinkbares Wasser. Wenigstens nicht für WASP-Mägen.

Duschen? Natürlich gibt es da genügend Wasserfälle; aber wer garantiert Dir, dass nicht weiter oben, flussaufwärts gerade eben ein Yak ... ?

Eine heiße Dusche? Fehlanzeige!

Was die Toiletten betrifft, steht in jedem Reiseführer zu lesen: Es gibt keine WC in diesem Land, nicht außerhalb der Hauptstadt Kathmandu. Die Nepalesen warten den Sonnenuntergang ab und verziehen sich dann hinter einen Busch oder eine Mauer, wischen sich mit ein paar Blättern ab (linke Hand – kein Papier) und bedecken alles mit etwas Erde. Aber was ist, wenn unser WASP Durchfall hat? Und die allermeisten kriegen einen – fast alle, bis auf Deinen eigenen Opi.

Das also ist das Problem. Jetzt sage ich Dir, wie man es lösen kann.

Trinkwasser:

Jeder Führer sagt es: „Don't drink the water" – nicht aus dem Wasserhahn im Hotel in Kathmandu und nicht aus dem Gebirgsbach weiter oben (s.o. Yak!). Du putzt Dir sogar die Zähne mit Mineralwasser! Du trinkst nur, was aus versiegelten Flaschen fließt (eine Coke kostet 20 Cents), oder alles was gekocht wurde, Tee zum Beispiel. Bedenke allerdings, dass in den höheren Lagern Wasser schon bei 45°C kocht. Da lachen nur die Sporen und einige Amöben. Jodtabletten, Filter gar, sind kompliziert, zeitaufwendig und nicht jedermanns Sache.

Heiße Duschen:

Die Bedürfnisse der WASPs haben sich sogar in Nepal herumgesprochen und so gab es bis 1998 kaum eine sogenannte „Lodge" ohne das vielversprechende Schild „Hot Shower". Man gibt sich sogar umweltbewusst. Das beste Schild in dieser Richtung fand ich in Namche Bazar (3800 m): „The world's highest solar-heated shower"(Die höchste solar-geheizte Dusche der Welt").

Doch woraus besteht so eine Dusche, dort, wo es nur Hütten statt Häuser gibt? Die meisten sind winzige Holzverschläge, kaum einen Quadratmeter groß und gerade hoch genug, um darin zu stehen. Die breiten Lücken zwischen den Holzlatten sorgen für ausreichende Lüftung und gute Ausblicke – in beiden Richtungen. Meistens fehlt allerdings der Nagel zum Kleideraufhängen. Aber wenn es einen gibt, und Du kriegst eine richtig schöne Dusche ‚... dann bekommen Deine Kleider todsicher auch eine.

Doch wie funktioniert das Ganze? Über dem Verschlag hängt ein Eimer oder ein ausrangierter Benzinkanister. Deine Wirtin, eine Sherpani, wärmt einen Wassertopf über ihrer Feuerstelle, klettert damit aufs Dach und gießt alles, auf Umwegen über mehr oder weniger dichte Schläuche, in Deinen Eimer. Nun brauchst du nur an einem primitiven Verschluss zu drehen und schon läuft das Wasser, genau gesagt: Es tröpfelt auf Deinen Rücken.

Einmal, das war in Pang Boche (3860 m), war ich gerade im Duschhüttchen, splitternackt und bereit mit Seife und Handtuch. Doch aus dem Eimer kamen nur fünf Tropfen, und die waren eiskalt. Schnell zwängte ich mich wieder in meine Hosen (mehr nicht), dann aus dem Verschlag, um mich, sehr höflich, bei der Wirtin zu beschweren. Dieses Spektakel hättest Du miterleben sollen! Bald war das halbe Dorf herbeigeeilt, um das Malheur zu beheben. Einige kletterten aufs Dach, andere pusteten durch den Schlauch, einer fummelte am Hahn. Dabei schrien und lachten alle durcheinander und ich mit ihnen. Schließlich rief die Wirtin meinem Sherpa auf Nepalesisch zu: „Tell that white man to get under the shower quick, now!"(„Sag dem weißen Mann, er soll machen, dass er unter die Dusche kommt, sofort!"). Und so bekam ich doch noch meine Dusche, für $ 1,50 übrigens.

Toiletten:

WC gibt es zwar keine, aber vielerorts findet man sogenannte „toilets". Das ist dann auch nur ein luftiger Holzverschlag mit reichlich „Zwischenraum, hindurchzuschaun" und einem primitiven Schloss. Und was ist drin in so einem Klo? – nichts. Nur ein rechteckiges Loch (ca. 20 x 30 cm), so dass Du gut zielen musst. Licht gibt es keins. Also gehst Du nachts mit der Stirnlampe aufs Klo. In einer Ecke liegt ein Haufen Blätter – für die Eingeborenen. In Nepal lernt ein WASP schnell, sich niemals ohne zwei Rollen zu bewegen: Eine Reserve-Filmrolle, wegen der stupenden Ausblicke, und eine Rolle Klopapier.

So weit so gut. Aber was, wenn Du mal um 3.00 Uhr früh raus musst? Draußen schneit es. Das „Klo" liegt 20 steile Meter über der Hütte und die zählt ohnehin schon 5012 m über dem Meeresspiegel. Außerdem lagert ein schlecht gelaunter Yakbulle zwischen Hütte und Klo. Und ausgerechnet dieses eine Klo hat ein Vorhängeschloss. Doch den Schlüssel hat der Hüttenwirt. Und der schnarcht...

Wenn Du wissen willst, wie es ausging, brauchst Du nur anzurufen, bei Deinem eigenen, alten Opi.

Diese nepalesischen Klos mit ihren rechteckigen Löchern leiten zwanglos hinüber zum zweiten Teil meiner Betrachtungen. Zwar sind unsere Toiletten größer und die Öffnungen oval, aber es geht im Prinzip um dasselbe – ums Zielen. Dieses Problem wurde mir erstmals vor acht Jahren auf einer Bahnfahrt nach Berlin so richtig bewusst. Nein, nicht auf der Schaukeltoilette 2. Klasse, sondern beim Blick über die Schulter meines Abteilnachbarn. Er las „Bildzeitung". Und gleich auf der Titel- oder war es doch die Rück-?) Seite fesselte mich die Schlagzeile: „Auch Männer sollten es im Sitzen machen!" Was konnte das sein. Was war gemeint?

In Frankfurt stieg der Nachbar aus, und ließ seine „Bild" liegen. So erfuhr ich, dass Männer durchaus nicht immer zielsicher sind. Der Sitz, natürlich mal wieder nicht hochgeklappt!, der Fußboden rund herum, alles wird bespritzt. Darüber gebe es inzwischen evidenzbasierte wissenschaftliche Untersuchungen. Ich glaube, der Artikel endete mit der Aufforderung: „Setzt Euch, Ihr Schweine!".

Das konnte nur von einer misandrischen Feministin stammen. Von einer, die uns das letzte noch verbleibende Privileg neidet, nämlich es im Stehen zu machen.

Wer je die Pinkelpause bei einer Busfahrt über Land erlebt hat, weiß wovon ich rede: Die Männer, nach kurzem Pissoirbesuch, genießen den Blick und gönnen sich ein oder zwei Zigaretten. So viel Zeit ist allemal, bevor sich die Schlange vor der Frauentoilette aufgelöst hat.

In unserem Gästeklo hängen zwei Zeichnungen, die meisterhaft diesen kleinen, aber so wichtigen Unterschied verdeutlichen. *Sie* hockt verunsichert hinter einem Baum, die vielen Röcke irgendwie hochgeschürzt, den Blick ängstlich über die rechte Schulter gerichtet. Unmissverständlich erkennt man den Wasserstrahl, und auch seine Herkunft. Viele Röcke, aber keine einzige Unterhose. (Aus einer Fernsehreportage über das Leben im Schwarzwald vor 100 Jahren erfuhren wir, dass Frauen damals auf dem Lande niemals, auch nicht im bitterkalten Winter, Schlüpfer trugen).

Und auf dem zweiten Bild steht *Er*, selbstbewusst und triumphierend, die Rechte lässig auf dem Rücken verschränkt, während er sich mit der Linken das Wasser abschlägt. Etwa so wie der kleine Junge auf dem Fahrrad: „Guck, Papa, ich kann freihändig!" Allerdings habe ich mich schon immer gefragt, wie man das macht, das Wasser „abschlagen". Wie dem auch sei, auch hier erkennt man den Strahl und seine Herkunft.

Obszön? Pornographisch gar? Nein, nur Natur. Und der Zeichner war...? Rembrandt Harmensz van Rijn („Het pissende vrouwtje en mannetje", 1631).

Gut, ich weiß, ich bin kein kleiner Junge mehr. Etwa so wie unser Nikolaus, als Säugling auf der Wickelkommode liegend. Da konnte er noch, vergnügt strampelnd und ohne jede Vorwarnung, seinen goldenen Strahl in hohem Bogen über seinen Kopf hinweg gegen die Wand und auf das schmale Regal mit den Zahnbürsten perlen. Das animierte seine um zwei Jahre ältere Schwester Katharina, die eben genau das nicht nachahmen konnte, zu dem nicht völlig neidlosen Ausruf: „Der Nikolaus hat ein lustiges Popoli!".

Doch nun ist Schluss mit lustig. Wie hieß noch mal jener (unglückliche) Kollege an einer Schweizerischen Universitätsklinik? Sein Name zierte so manche wissenschaftliche Abhandlung, die ich studieren musste. Richtig! Dieser Name war schlicht „Schupisser". Da half es wenig, wenn er sich als „Schup-isser" vorstellte. Irgendwann in grauer eidgenössischer Vorzeit muss es einem seiner Vorfahren wohl passiert sein: Die Benetzung der edlen Finken.

Und wie steht es um einen Großvater jenseits der 70?

Der Strahl trifft gerade eben noch ins Oval. Aber manchmal teilt er sich: Die heimtückische Variante streicht schräg rückwärts gegen das Pyjamahosenbein, das rechte. Und manchmal ist es nur ein Tröpfeln, und Nachtröpfeln. Sollten wir uns nicht doch setzen?!

Ach was, ich halte mich an das tröstend-ermutigende Erlebnis auf dem Gipfel des Hohen Burgstalls (2613 m ü.M.) in den Stubaier Alpen im Juni 1997. So kurz vor dem Ruhestand habe ich einfach einige wissenschaftlichen Sitzungen des Österreichischen Chirurgenkongresses in Innsbruck geschwänzt und bin über grüne Matten, steilere Felsen und hartnäckige Schneereste auf den Gipfel geklettert. Hier war ich mutterseelenallein mit einem 100 km Rundblick über alle Gipfel hinweg in die blaue Ferne. Kein zweiter Wanderer war so früh in der Saison hinaufgeeilt. Und so konnte ich es ja machen. Auf dem Gipfel. Im Stehen. Und gegen den Westwind(!).

Heidelberger Schlossglühen (26.4.05

Prejudice and Pachelbel in Africa

Internationaler Chirurgenkongress 2005, in Durban, Kwazulu-Natal, Südafrika.

Zum Empfang der vielen Gäste aus aller Welt ist eine südafrikanische Beach Party vorgesehen. Das kolossale Festzelt ist, nur 300 Meter vom Hotel entfernt, buchstäblich auf Sand gebaut, ein Spaziergang von wenigen Minuten. Aber nein!, Sie sollten da nicht hinlaufen. Nehmen Sie unbedingt ein Taxi oder den Shuttle Bus.

Tatsächlich wird immer wieder davor gewarnt, selbst am helllichten Tag, in den Straßen dieser Stadt zu flanieren. Gerüchte von Überfällen, einem Messerstich gar, kursieren unter den Delegierten; auch einige authentische Berichte von geschickten Taschenräubereien am Strand, so wie wir sie inzwischen auch in westlichen Großstädten erleben.

Wir sind aber sicher im Zelt angekommen. Gehen gleich quer durch und auf der anderen Seite wieder hinaus, dem Indischen Ozean entgegen, Meeresluft schnuppern. Doch da ist mehr als Luft. Es weht ein veritabler Sturm. Und bis zum nächtlichen Horizont warten die großen Brecher, in einer langen Parade horizontal-leuchtender Streifen ungeduldig darauf zu zeigen, was sie können.

Tatsächlich! Einer kann mehr, viel mehr. Den Aufmerksamen und Geschickten gelingt es gerade noch rechtzeitig auf eine der bereitstehenden Bänke zu hüpfen. Die anderen bekommen nasse Füße. Eine

Mini-Tsunami hatte den ganzen Strand bis ans Zelt heran überspült.

Doch wir bleiben gerne hier draußen, bilden uns ein den Elementen zu trotzen, dem Wind und den Wellen, die dann allerdings nicht noch einmal so nahe kommen. Und über allem, knapp überm Horizont, hängt der südliche Halbmond wie eine goldenleuchtende Opferschale. Diese Stimmung erfasst alle. Was braucht man da noch das Bier aus Dosen oder die Musik im Zelt?

„Lass' uns doch einfach mal rübergehen zu den pechschwarzen Kollegen, die da drüben so alleine rumstehen", schlug ich vor. Es ist nämlich auf „internationalen" Kongressen immer dasselbe: Man steht in kleinen Gruppen und plaudert mit den Landsleuten, die man sowieso schon kennt. Aber die weite Reise lohnt sich doch erst, wenn man die unsichtbaren Grenzen durchbricht und, einfach so, auf die fremden Kollegen zugeht.

In diesem Fall sind die aus Nigeria und entpuppen sich bald als fröhliche junge Chirurgen: Adedeji O. Adekanye, ein Urologe, Lukman O. Abdur-Rahman ein Kinderchirurg und Chima Ofoegbu, ein Allgemeinchirurg mit kardiologischen Ambitionen. Es werden die üblichen Eingangsfragen gestellt. „Ja, drei Kinder", sagt der Urologe. „Aber nein!" lacht er uns aus, „nicht bei uns."(Ich hatte gefragt, ob er auch, wie hier in Kwazulu üblich, seine Frau mit elf Kühen hatte kaufen müssen). Neben der Arbeit im Teaching Hospital der Universität Ilorin, aber offenbar auch in einer Privatpraxis, gibt es für diesen, vielleicht 35-Jährigen, nur seine Familie - und die Kirche. Er ist Anglikaner und lehrt Jugendliche im Kindergottesdienst.

Ja, die Kirche sei immer voll. Sonntags brauchen sie schon drei Gottesdienste hintereinander, für je etwa 400 Gläubige(!). Kleinlaut gebe ich unsere Zahlen zu. Er nickt. Das hat er schon gewusst.

„Haben Sie mal von Albert Schweitzer gehört?" frage ich jetzt.

Nach angestrengtem Nachdenken, kommt die Gegenfrage:

„Ist er nicht Chirurg? Allgemeinchirurg?"

„Ja," sage ich „ aber auch noch mehr." Und ich erzähle von Lambarene, das doch viel näher an Nigeria als an Europa liegt.

Nein, offenbar nicht. Keiner dieser Afrikaner hatte jemals von Albert Schweitzer gehört(!), auch andere nicht, die ich später frage. Woran mag das liegen? Ist es eine Frage der Allgemeinbildung? Ist es zu lange her? Oder wird am Ende dieser weiße Wohltäter von der jetzigen Obrigkeit in den Schulen gezielt unterschlagen?

Zwei Tage später wird das Abschluss-Bankett im ICC, dem Internationalen Kongress Zentrum, gefeiert. Und, siehe da, rein zufällig sitzen wir an ein und demselben Tisch mit unseren neuen nigerianischen Freunden.(Übrigens zusammen mit dem 93-jährigen Rowan Nicks aus Sydney, der durch seine Stiftung so viel für junge afrikanische Chirurgen tut.) Diesmal erscheinen sie in prächtig-bunten Gewändern, der eine sogar mit kecker Stoffmütze. Wir plaudern weiter: Über unsere Kinder und über ihre, die alle in Privatschulen gehen, zum Preis von $ 400 im Jahr.

Auf dem Podium kämpft ein Streichquartett tapfer gegen den Geräuschpegel von etwa 500 Gesprächen an. Es spielen drei Damen und ein Cellist, alle weiß, und alle höchst engagiert und professionell. Nebenbei bemerkt: Welcher Organisator einer unserer hochkarätigen Kongresse würde heute noch wagen, ein Festbankett mit einem *klassischen* Streichquartett untermalen zu lassen?. Und sie spielen „Klassik", zunächst die „Kleine Nachtmusik". Später erfahre ich, dass alle vier Amateure sind, Studenten verschiedener Fächer an der Uni. Das hatte ich nicht erwartet. Sie haben alle einen so lockeren, frischen Strich und es klingt einfach gut. In Heidelberg gibt es keine Besseren.

Einer meiner Tischgenossen, der Allgemeinchirurg, Chima Ofoegbu, auch er Anfang dreißig, ruft mir mit strahlendem Lächeln und blitzenden weißen Zähnen über den Tisch zu: „Mozart!" Er hatte das Stück erkannt. „ I love Mozart. But even better Back. Back and Packelbel." Nun komme ich aus dem Staunen nicht mehr heraus. Der kleine Aussprachefehler tut nichts zur Sache. Dieser Kollege aus Nigeria, der Albert Schweitzer nicht kennt, meint Pachelbel, Johann Pachelbel. Aber es geht noch weiter.

Nach der kleinen Nachtmusik spielen sie Bach, „Jesu meine Freude", arrangiert für Streichquartett. Danach folgt ein weiteres Stück, diesmal aus dem Barock, das ich nicht gleich identifizieren kann.

„Packelbel!" ruft mein nigerianischer Freund und strahlt. „You hear? Packelbel".

„Schon möglich", denke ich. Und, als das Stück zu Ende ist, eile ich ans Podium zu den Musikern. Ich mache (aufrichtige!) Komplimente und, um diese quasi zu legitimieren, stelle ich mich kurz vor, d.h. eigentlich nur meinen berühmten Schwager („Oooh!") und dann noch meine Frau („Aaah!"). Und dann bitte ich um Einsicht in die Noten. Tatsächlich, er hat richtig getippt! Da steht es nun gedruckt: „Kanon" von Johann Pachelbel. (Darf ich überhaupt fragen, wer von meinen deutschen Kollegen schon mal von diesem Landsmann aus dem 17. Jahrhundert gehört hat? Oder war es etwa das 16.?!...)

Nun will das Schulterklopfen kein Ende nehmen. Ofoegbu strahlt. Alle strahlen - mit ihren blendend weißen Zähnen - und zücken ihre Kameras für Gruppenfotos. Und das sind nun wirklich die leistungsfähigsten, schlicht eindrucksvollsten, Miniatur-Digitalkameras - von denen ich bislang immer nur geträumt habe.

Vorfrühling über Altenbach (17.3.05)

Clovelly

Clovelly ist einer von Sydneys kleineren Stränden, eine schmale Bucht, die sich ostwärts der pazifischen Brandung öffnet. Felsen und Böschung fallen von allen Seiten steil zum türkisklaren Wasser herunter. Da bleibt kein Platz für Souvenirläden, Coca Cola-Kiosks oder Fish 'n Chips-Buden - wie etwa im berühmteren Bondi. Und das ist gut so.

Weniger gut dagegen ist das Bemühen der Verwaltung, die schmalen Uferstreifen der Bucht durch Beton gegen die erosive Wucht der Wellen abzusichern. So bleibt nur ein schmaler Sandstrand im innersten westlichsten Winkel der Bucht. Nicht genug Platz für das bunte Treiben der Jugendlichen, der lautstarken Familien und sonnenhungrigen Senioren. Alle versuchen sie, die letzten Strahlen der herbstlichen Abendsonne zu erhaschen. Aber da die westlichen Abhänge den eigentlichen Strand in kühlen Schatten tauchen (weil nämlich die Sonne auch in Australien im Westen untergeht), müssen sie mit dem brutalen Zement vorlieb nehmen. Ein hartes Lager für sensible Hinterteile.

Und so hat die Gemeinde Randwick, zuständig für Clovelly, einen Vorschlag zur Lösung gemacht: „Warum bieten wir nicht einfach Liegestühle an, für Bürgerinnen und Bürger mit Rückenschmerzen oder Hämorrhoiden?, für eine bescheidene Gebühr, versteht sich!"

Den Aufschrei hätten Sie hören sollen! Die Proteste schallten von einem Ufer der Bucht zum anderen, und zurück:

„Der Strand (auch wenn er aus Beton besteht) ist für alle Werktätigen da."

„Wir wollen kein Monopol einer kleinen Clique reicher Kapitalisten - der „idle Australians"*, sozusagen - nur weil die sich die Liegestuhlgebühr leisten können."

Auf dem Höhepunkt dieser heißen, klassenkämpferischen Debatte stieß ich auf d i e Lösung, eine sozialverträgliche und politisch korrekte(!) allemal:

„Was wir brauchen ist eine humanere Betonfläche. Eine die den multikulturellen Bedürfnissen unseres Proletariats Rechnung trägt. Der Beton muss quasi aufgelockert werden. Er braucht ein menschlicheres Gesicht - im übertragenen Sinne".

Zur Verwirklichung meiner Idee bedarf es einer neuen, frischen Mörtelschicht und eines fahrbaren Hebekrans. Dieser würde eine repräsentative Auswahl unserer Bürgerinnen und Bürger behutsam, in Ein-Meter-Abständen, mit dem Hintern nach unten auf den noch weichen Beton herablassen, bevor er fest und hart wird. Auf diese Weise könnte man eine lange Reihe von Sitzmulden sozusagen in den Mörtel „drucken", entsprechend den unterschiedlichen Bedürfnissen (sprich Sitzgrößen) unserer Bürgerinnen und Bürger.

Und damit wäre hier an Sydneys Pazifikküste das weltweit erste Strandparadies (wenn auch aus Beton) entstanden. Mit einem Schild davor:

Beach Bum* Seats - for the People - by the People.

Anmerkungen des Autors:

*"idle Australians" = müßige Australier (wörtlich). Gemeint ist hier aber ein Wortspiel auf den unsäglichen TV-Renner „Australian Idol"; dasselbe wie unser „Deutschland sucht den Superstar".

*"Bum" = Hintern; einer der herumlungert, nichts tut;

*"Beach Bum" = braungebrannte Jugendliche (meist männlich), die ihre ganze Zeit am Strand verbringen.

Shark Bay, Sydney (1.10.05)

Die Geschichte vom Croissant

Oder: Der Kleinste Gemeinsame Nenner

Vorbemerkung des Autors: Die in diesem Aufsatz erwähnten Personen sind pure Fiktionsgebilde. Irgendwelche vermeintliche Ähnlichkeiten mit lebenden oder bereits verstorbenen Personen sind rein zufälliger Natur.

Es gibt Menschen, die versuchen „es allen recht zu machen". Offen gestanden, auch ich neige zu dieser Haltung. Doch ich habe immer noch rechtzeitig bemerkt, dass man in Konflikte geraten kann, Kompromisse schließen, Prioritäten setzen muss - auch wenn alles noch so gut gemeint ist.

Die folgende Betrachtung handelt von einem solchen guten Menschen (nicht „Gutmenschen"!). Sie handelt von einer Frau, deren erste Aufgabe, um nur eine unter vielen herauszugreifen, es allmorgens ist, dafür zu sorgen, dass auf dem Frühstückstisch ein frisches, warmes und weiches Croissant für ihre hochbetagte Mutter bereit liegt, oder, am Sonntag eben kein frisches, sondern ein bereits am Samstag erworbenes, im Ofen aufgewärmtes. Sollte aber tatsächlich einmal das urgroßmütterliche Croissant fehlen, ein äußerst seltenes Versäumnis, dann wird eben der Mann geschickt - nein, freundlich gebeten - die Lücke im Brotteller zu füllen. Auch wenn es draußen stürmt und schneit und der Weg zum Bäcker steil und nicht ungefährlich ist. Denn den Zähnen der guten Mutter, Groß- und Urgroßmutter, ihren „Dritten" bereits, kann man auf keinen Fall das tägliche Brot, das angeblich so harte, zumuten.

Man fuhr in den Erholungsurlaub. „Erholung von was eigentlich?", mag man angesichts der 243 Lebensjahre fragen, die diese drei Ruheständler, Frau, Mann und Mutter, zusammen auf die Waage bringen. Sei's drum: man fuhr zu einer kleinen Pension am Meer. Hier wurde das Frühstück im Garten unter Palmen eingenommen, die übrigens nicht immer ausreichend Schutz vor der sengenden Morgensonne boten.

Auch hier gab es am Frühstücksbuffet, zur Selbstbedienung, ein Croissant. Ein Croissant (mehr oder weniger) für jeden Pensionsgast. Doch es war schon vorgekommen, dass vom köstlich-weich-warmen Gebäck nichts mehr übrig war, wenn frau verschlafen hatte und darob zu spät vor dem weitgehend abgeräumten Buffet stand. Da halfen weder Zähneknirschen noch Selbstvorwürfe der guten Frau. Es blieb nur der Vorsatz, es am nächsten Morgen besser zu machen, früher aufzustehen, oder besser, den Mann zu bitten durch Sicherstellung wenigstens eines Croissant für den urgroßmütterlichen Teller gewissermaßen vorzusorgen.

So weit, so gut. Bis eines Tages, eigentlich ungeplant, eine der zahlreichen Enkelinnen dieser Urgroßmutter samt Ehemann und ihrer 4- und 6-jährigen, etwas verwöhnten - oder sagen wir besser gleich verzogenen - Sprösslingen anreiste, um eine gemeinsame Woche in jener zauberhaften Pension zu verbringen. Diesen, ebenfalls bezaubernden Kindern, zwei Mädchen, das ältere dunkel, das jüngere mit blonden Locken, war durch die gutgemeinten Bemühungen ihrer eigenen Mutter (und übrigens auch ihrer Großmutter!), ihnen jeden - aber auch wirklich jeden - Wunsch zu erfüllen, bereits ein Teil ihres ursprünglichen Zaubers abhanden gekommen. Ich wiederhole mich: sie waren verzogen.

Und auch sie standen auf Croissants.

Nun bestand die allmorgendliche Aufgabe für den Mann (ganz allmählich beginnt dieser uns Leid zu tun) darin, mindestens drei Croissants, früh und möglichst unbemerkt, auf die Teller der Urgrossmutter und deren beiden Urenkelinnen zu verteilen. *Drei* Croissants.

Das waren schon auffällig viele für *einen* Mann. Mehr wagte er wirklich nicht an den, ebenfalls früh aufgestandenen, argwöhnisch blickenden Gästen vorbeizuschmuggeln. Er selber verzichtete nur zu gerne. Undenkbar, noch ein viertes (oder gar siebtes) Croissant zu raffen. Der bloße Gedanke daran gab Stoff für einen seiner vielen Albträume:

Der Mann, unser Mann (dem inzwischen unsere Sympathie gehört), steht alleine vor dem Buffet - mit einem Arm voll Croissants. In seinem Rücken bilden die futterneidischen Pensionsgäste einen Halbkreis und nähern sich ihm bedrohlich, Schritt für Schritt. Verzweifelt versucht er das verfluchte Gebäck irgendwie verschwinden zu lassen. Schon stürzen sich die „Hyänen" auf ihn... Da wacht er auf. Gottseidank! Es war nur ein Traum. Er hatte sich ein kurzes Nickerchen genehmigt, an dem von ihm so vorsorglich gedeckten Frühstückstisch. Zeit dafür - für das Nickerchen - war stets reichlich vorhanden, bis alle Mitglieder dieser Familienrunde ausgeschlafen und den Weg in den Frühstücksgarten gefunden hatten.

Nun waren sie also alle da. Alle, bis auf die Urgroßmutter. Und zwangsläufig begann auch schon bald der allmorgendliche Streit um das dritte, das eigentlich urgroßmütterliche Croissant. Die kleinen Münder bereits übervoll vom ihnen zugedachten Gebäck, zogen und zerrten sie nun von zwei Seiten an diesem dritten. Denn beide Mädchen wollten zwei. Und schon drohten sie diesem ihrem Willen mit Geschrei Nachdruck zu verleihen.

Da war er also wieder, der Konflikt in der Brust unserer guten Frau. Jetzt galt es Prioritäten zu setzen: Hier Geschrei der Enkelinnen, dort die Zähne der (immer noch abwesenden) Urgrossmutter. Kleinlaut versucht der Mann (wir stehen nun vollends hinter ihm) daran zu erinnern, wie wichtig doch bislang immer das Croissant für die Zähne..., für die alte Dame..., die Gesundheit gewesen sei... Zu spät! Die Entscheidung war längst, man mag denken opportunistisch, gefallen:

„Ach was, die Urgroßmutter liebt das braune Brot!" von welchem übrigens nur noch eine einsame Kante (ein trockener Knust, sozusagen) im Brotkorb lag. Hier und jetzt waren die verzogenen Enkelinnen offenbar wichtiger. Näher, bedrohlich näher, waren sie allemal. Schon tickten hörbar ihre kleinen teuflischen Geschrei-Zeitbomben. Und drum herum lauerten die genervten Pensionsgäste an ihren separaten Tischen.

Wieder einmal ist deutlich geworden:

Auch der wohlmeinendste gute Mensch kann es niemals allen recht machen.

Allenfalls findet er den kleinsten gemeinsamen Nenner, oder sollten wir besser zugeben: Den Weg des geringsten Widerstands(?!).

Der Einser überm Fischleintal, Dolomiten (30.7.05)

In die Brombeeren

Ein Albtraum

Als er schließlich wieder aufwacht aus den bleiernen Untiefen der Siesta an jenem Augustnachmittag, da liegt der Zettel schon auf dem Teppich vor seiner Couch. Er braucht lange um wieder an die Oberfläche zu gelangen. Viel lieber wäre er wieder abgedriftet, denn seit Menschengedenken war es nicht mehr so feucht, so schwül, so warm gewesen. Er wälzt sich an den Couchrand - und sieht den Zettel:

„Bin am Cembalo" steht da in großen runden Lettern, der Handschrift einer Frau - seiner Frau. Jetzt war er wach! „Schon wieder Üben, immer am Üben", denkt er. Und: „Nach dem Konzert ist vor dem Konzert", wie bei Sepp Herberger, selig. Hört das denn nie auf? Gestern Abend. Das letzte Konzert hatte sie doch erst gestern Abend gegeben. Vor dreiundzwanzig schweißgebadeten Zuhörern übrigens. Selbst die Kirchen bieten in diesem dampfenden Sommer kein kühles Asyl mehr. Und das Nächste? Das nächste Konzert war doch erst in drei Wochen fällig, oder vier. In Waldwimmersbach. Achtzehn; man rechnet dort mit etwa achtzehn zahlenden Zuhörern.

Noch immer etwas durcheinander steht er schließlich auf um seine Gartenkluft anzulegen: die kräftig abgewetzte Cordhose, eine alte undurchdringliche Windjacke und ein paar halbhohe Wanderschuhe. Mehr nicht, bis auf eine Unterhose. Und dennoch: Alles viel zu warm für diesen hochsommerlichen

Nachmittag. Doch für das, was er vorhat, ist widerstandsfähige Kleidung angesagt. Er sucht einen Stift, dreht den Zettel um und schreibt auf die Rückseite:

„Bin in die Brombeeren". Diesen Zettel legt er vor die Tür des Cembalozimmers, holt zwei kleine Plastikeimerchen aus der Küche und lässt die Haustür hinter sich zufallen.

Vielleicht wäre ja alles anders gekommen, wenn dieser Zettel nicht gewesen wäre. So aber muss er nun allein in die Brombeeren. Dabei ist sie, seine Frau, durchaus auch eine enthusiastische Sammlerin. Woher nur kam dieser Sammeltrieb? Schon manche vielversprechende Bergtour war an einem unwiderstehlichen Blaubeerhang gescheitert. Oder es waren die Himbeeren in einer Hochwaldlichtung, die zum Pflücken verführten: immer höher, immer abwegiger. Und da noch eine, und auch hier, - bis man den Weg verloren hatte und die Zeit für die geplante Besteigung sowieso. Ja, sie sind Sammler, alle beide. Dabei können sie sich die appetitlichen Beerenkörbchen durchaus leisten, welche die Pfälzer Marketenderin um die Ecke feil bietet. Es ist sogar ökonomisch sinnvoller die Beeren zu kaufen, statt sie hier buchstäblich im Schweiße des Angesichts zu sammeln. Aber es ist nicht dasselbe. Das Sammeln als solches liegt ihnen im Blut. Wahrscheinlich geht das ungezählte Generationen zurück. Beide sind sie stolz auf ihre Vorfahren: Südtiroler Bauernadel bei ihr, Holsteiner Hufner bei ihm. Irgendwann in grauen Vorzeiten werden sie alle gesammelt haben. Mit dem Sammeln fing doch alles an. Wenn ich nicht irre, kamen die Sammler noch vor den Jägern. Und vor den Bauern allemal.

Mit diesen und anderen Gedanken zieht er also in die Brombeeren. Er kennt sie noch vom Vorjahr, die wilde Hecke am Rande der Großstadt, dort wo menschliche Behausungen endlich Platz lassen für weite Wiesen und trockene Äcker, wo die „Zivilisation" eine Pause einlegt. Wenn da nicht die Umgehungsstrassen wären mit ihrem pausenlosen Verkehrsdonner. Alles übrigens keine zweihundert Schritte von seinem eigenen Haus im Grünen entfernt.

Doch bevor sich der Leser nun ebenfalls in die Brombeeren stürzt, sei er gewarnt:

Dies ist nicht irgendeine Beere! Wie im Märchen umgibt sie sich mit einigen Hindernissen, die alle überwunden sein wollen, bevor die erste süßsaure Frucht in den Eimer kullert.

Da sind zunächst natürlich die Dornen selbst, mit ihren spitzscharfen Messern, die nicht nur begehrlichen Fingern zusetzen, sondern auch der Kleidung. Auf diese Weise wird das Eindringen in die Tiefen und Höhen der Hecke, dort wo die größten, die saftigsten Schwarzbeeren locken, schlichtweg vereitelt.

In teuflischer Symbiose mit den Dornen verschlungen, gibt es obendrein die zunächst harmlos scheinenden Brennnesseln. Man bemerkt sie oft erst, wenn es zu spät ist. Ein sanftes Streichen entlang dem fruchtwärts strebenden Handrücken reicht aus für zwei schlaflose Jucknächte, oder drei.

Dann sind da allerlei krabbelnde und fliegende Abwehrstaffeln: Ameisen, Spinnen, schwarzgrüne Schmeißfliegen, Mücken und ganze Geschwader hungriger Wespen. Besonders die Wespen stürzen sich auf das schon überreife, nicht selten angefaulte Obst, in wilder Konkurrenz zu unserem Sammler. Und was ist, wenn sich das tigerstreifige Stacheltier ausgerechnet in die Rückseite einer besonders verlockenden, weil übergroßen Brombeere verbohrt hat? So, dass der Sammler sie nicht sehen kann, wenn er zugreift?!...

Die Misere wird noch gesteigert durch die Stechmücken. Sie passen irgendwie in dieses fauligschwüle Biotop. Und so kommt es vor, dass der Sammler, den halbvollen Eimer in der linken, die rechte Hand durch zwei, drei Brombeeren außer Gefecht gesetzt, dass er genau in diesem Moment die Sirene, jenes unverkennbare „Njiaauuu", eines soeben landenden Moskitos hinterm rechten Ohr vernimmt. Wehrlos muss er sich stechen lassen und die Folgen später abbüßen.

Das vierte aber ist das gefährlichste, weil ganz und gar unsichtbare Hindernis. Die Rede ist vom Fuchsbandwurm, dem krebsähnlichen Echinococcus alveolaris, der in Teilen Baden Württembergs durchaus endemisch vorkommt. Verteilt, geradezu versprizt, wird er im Harn seines Trägers, des schlauen Füchsleins. Doch wie hoch hinauf kann ein solches Füchslein eigentlich pissen? Gilt die Gefahr nicht nur für die mehr bodenständigen Beeren?

Und schon muss man an das skurrile irische Wettpissen denken. Frank McCourt beschreibt diesen Wettkampf in seiner Autobiographie, „Angela's Ashes", ein Wettkampf, an dem sich die schönsten Jungfrauen Irlands beteiligten, weil es um die Hand (und mehr!) des Volkshelden Cuchulain ging.

Derart gewarnt, erreicht also unser Sammler die Brombeerhecke und ahnt noch nichts von einer weiteren, einer fünften Gefahr. Doch eins spürt er auf Anhieb: es ist spät im Jahr, viele Beeren sind bereits vertrocknet, manche angefault. Und er merkt: Hier waren schon andere vor ihm gewesen. Deutlich verlaufen die Trampelbahnen entlang der Hecke und dann und wann auch in sie hinein.

Nun aber widmet er sich selbstvergessen seinem Tun: Er selektiert, er pflückt die besseren Beeren.

Allmählich weicht das sonore „Plopp", wenn eine Frucht im noch leeren Eimer landet, diesem weichen, kaum hörbaren „Blumm", wenn sich das Behältnis zu füllen beginnt.

Da kommt jäh ein weiterer Ton hinzu! Ein leises Knacken, wie von einem zerbrechenden Ast. Er hält inne, lauscht in die flimmernde, summende Nachmittagshitze - und pflückt dann weiter. Doch diese Stille ist nun unheilschwanger. Er dreht sich um - und erschrickt:

In einem Halbkreis, keine drei Meter hinter ihm, stehen fünf halbstarke Gestalten und grinsen. Und grinsen ihn an. Nicht etwa freundlich, sondern verächtlich, unheimlich. Etwa so wie jene von Johannes

Grützke hingeklotzte Männergruppe. Nur rufen diese nicht :

„Komm, setz' Dich zu uns!", sondern:

„Was machst Du hier?! In unsern Brombeer'n?!"

Er überlegt ob er diese Flegel überhaupt beachten, ihnen antworten soll. Dann murmelt er etwas über „Freigelände..., öffentliches Naherholungsgebiet...", und was ihm noch so einfällt. Jetzt erinnert er sich an andere Sammler, manchmal ganze Familien, die er an dieser und anderen Hecken beobachtet, und denen er dann immer den Vortritt eingeräumt hatte. Doch nun wendet er sich erneut der Hecke zu und pflückt weiter, auch wenn die Hände ein wenig zittern und ein mulmiges Gefühl den Rücken hinabkriecht. Ein weiterer Knacks, diesmal viel dichter hinter ihm. Kaum hat er sich umgedreht, erkennt er seine Lage zwischen der undurchdringbaren Hecke und dem geschlossenen Halbkreis dunkler Kerle. Die grinsen immer noch herausfordernd und machen sich nun in ihren tiefen Hosentaschen zu schaffen.

„Hoppla! - Oh, `schuldigung". Offenbar hatte der untersetzte Blonde hinter ihm den halb gefüllten Eimer umgestoßen. Die kostbaren, schwarzen Beeren kullern durch die Dornenranken und versickern im Gras. Noch bevor er irgendwie protestieren kann, bellt der Größte mit den Pockennarben, offenbar der Anführer:

„Los! Aufheben!"

„Bück' Dich! Mach schon!!" setzt ein dritter Dunkler mit schwarzem Kraushaar nach, und bekräftigt sein Kommando mit einem scharfen Tritt in die Kniekehlen. Jetzt knickt der Sammler ein und stürzt hilflos in die Dornen, Nesseln, Wespen - und in die Fuchspisse.

„Hillffeee!" schreit er nun. Aber er merkt selber, dass ihn hier niemand hören kann. Ohne Unterbrechung donnern und rauschen die Lastwagen und Autos über die nahe Umgehungsstraße. Hören kann ihn keiner. Und sehen auch nicht, weil die Straße durch weitere hohe Hecken abgeschirmt ist. Das nächste Haus, sein Haus, liegt zweihundert Meter weiter hinter Bäumen versteckt. Er ist dieser Fünferbande hilflos ausgeliefert.

Und wieder der Befehl: "Heb' die Beeren auf!"

Zerkratzt und zerstochen, rappelt er sich auf und beginnt die verstreuten Beeren, so gut es geht, zurück in den Eimer zu sammeln.

„Mach' ihn voll! Los, pflück weiter!" ruft jetzt der vierte mit der Boxernase, und wirbelt dabei geschickt ein langes Küchenmesser von der rechten in die linke Hand und zurück.

In diesem Augenblick spürt er erstmals einen Anflug von Todesangst. Aber das ist doch ganz unmöglich - hier am Rande der Großstadt - am helllichten Tage...

„Was wollt Ihr von mir?, ruft er in die Runde. „Ich hab' nichts dabei, außer die zwei Eimer, nicht mal ein Handy".

„Mach sie voll, beide!", kam es zurück, „wir haben Zeit".

Also sammelt er weiter. Füllt tatsächlich den einen und, in weiteren dreißig Minuten, den zweiten Eimer.

Das große Narbengesicht reißt beide an sich:

„Das sind jetzt unser' Brombeer'n", triumphiert er, „ für unser' Familie. Die können das nix kaufen - wie Du", fügt er noch hinzu.

„Also gut, kann ich jetzt gehen?" fragt der völlig verunsicherte Sammler.

„Langsam, langsam" kommt diesmal die Antwort vom untersetzten Blonden, „Zieh die Jacke aus und gib sie her!"

„Widerstand ist zwecklos", denkt der Angesprochene und zerrt am Reißverschluss der inzwischen schweißgetränkten Windjacke. Wie konnte ihm das nur passieren? denkt er und übergibt die alte, verschwitzte Jacke. „Es ist nur ein böser Traum", denkt er noch, als ihn ein derber Fußtritt in den Unterleib trifft. Diesmal fällt er ungeschützt in die grässliche Hecke. Und bleibt, halb hängend, liegen. Es müssen ihn noch weitere Tritte getroffen haben. Erinnern kann er sich nicht mehr daran.

Erst in der Dämmerung kommt ein einsamer Spaziergänger mit seinem Hund des Weges. Das Tier bellt und zerrt seinen Herrn zur Unglückstelle.

Dem Spaziergänger bietet sich nun, - wie heißt es doch immer so klischeehaft in den Lokalnachrichten?- Richtig: Ihm bietet sich „ein Bild des Grauens". Bewusstlos und blutüberströmt liegt dort ein Mensch in den Dornen. Wespen und Schmeißfliegen ziehen ihre nervösen Kreise um das Opfer und nippen hier und da an den roten Rinnsalen. Es ist nicht klar ob es sich um Blut oder nur um den Saft zerquetschter Brombeeren handelt, oder um beides.

Zehn Tage lang wird er auf der Intensivstation beatmet, bevor er die Augen erstmals wieder aufschlägt. Seine Frau sitzt am Bettrand und hält seine Hand. Man hatte sie noch am Unglücksabend von ihrem Cembalo geholt. Und so war sie dort gesessen. Eine Woche lang. Mit nur kurzen Schlafpausen. Das Konzert, jenes in Waldwimmersbach, war längst abgesagt. Denn an Üben war nicht mehr zu denken. Auch in die Brombeeren wird er nie wieder gehen. Nicht dort an der Hecke. Und schon gar nicht allein. Und noch hat ihm keiner gesagt, dass er überhaupt nicht mehr wird gehen können...

Heidelberger Türme und.... (23.5.05)

Die verlorene Wette

Kennen Sie das Zimmertheater? Natürlich; jede Großstadt hat eins. Aber unseres ist etwas Besonderes. Besonders gut nämlich. Es liegt im benachbarten Universitätsstädtchen, zugänglich über einen Hinterhof, zweiter. Stock.

Tatsächlich ist es nur ein großes Zimmer mit knapp 80 Sitzplätzen. Intendanz, Regie, Dramaturgie liegen in einer Hand. In der Hand einer Frau "Y". Wenn man dieser zierlichen Dame, mit der lässig aufgetürmten Haarpracht über dem im Alter jung gebliebenen Gesicht gegenüber steht, kann man nur ahnen, dass sie ihre Vorstellungen auf der Bühne resolut und ohne Kompromisse durchsetzt. Sie scheint irgendwie vom Fin de Siècle übergeblieben zu sein, so wie man ihr in den Porträts Toulouse Lautrecs, etwa von Madame Honorine Platzer ("Femme au Gants") – begegnen könnte. Meine Frau hat schon vor Jahren ihre Bekanntschaft gemacht. Und deshalb genügt ein Anruf und wir bekommen immer noch einen Platz, oder mehrere, wenn Gäste dabei sind, in der ersten Reihe. Notfalls lässt Frau Y einige Sonderstühle aufstellen. Dann befinden wir uns buchstäblich auf der Bühne, zumindest mit den Fußspitzen. Es ist schon vorgekommen, dass die Schauspieler um ein Haar über dieselben gestolpert wären. Und wir genießen es mittendrin zu sein, sozusagen dazu zu gehören und etwaige Hörapparate auf Sparflamme stellen zu können.

Und es gibt noch etwas Besonderes hier: In der Pause wartet unten im Foyer, abseits vom allgemeinen Gedränge, ein Tisch auf uns. Ein hoher schwarz lackierter runder Tisch. Darauf eine langstielige dunkelrote Rose in einem Kelch, zwei prickelnd gefüllte Sektgläser, oder mehrere, wenn Gäste dabei sind, und eine Stellkarte mit unserem Namenszug. Es berührt mich immer irgendwie peinlich derart abgehoben vom ohnehin schon anspruchsvoll gehobenen Publikum, gleichsam wie auf einer weiteren Bühne meinen Sekt schlürfen zu müssen. Oder sagen wir besser, zu dürfen, denn der Sekt ist kühl, das Stück brillant und wir genießen es.

So wäre es auch diesmal gewesen, am vergangenen Donnerstag. Wie gewohnt bekamen wir im ausverkauften Theater noch drei Plätze in der ersten Reihe, meine Frau, meine Schwiegermutter und ich. Vom Stück wussten wir gar nichts, hatten noch nicht einmal eine Kritik gelesen. Aber das war Nebensache. Das Zimmertheater hat uns noch nie enttäuscht. Doch als wir es uns in den vordersten Sesseln bequem gemacht und einen ersten Blick auf das Programmheft geworfen hatten, kamen Zweifel auf. Sind wir am Ende doch in die falsche Vorstellung geraten? Ist das alles meinen beiden Begleiterinnen überhaupt zuzumuten? Gemeinsam bringen wir es immerhin auf 240 Lebensjahre , wovon 2/3 weibliche.

Das Stück aus der Feder eines preisgekrönten jungen amerikanischen Autors, Neil La Bute, Jahrg. `61, hieß „Das Maß aller Dinge". Und um welches „Ding" es sich dabei drehen sollte, ließ sich unschwer durch einen einzigen Blick auf die Titelseite des Programmhefts erraten. Man sah ein Feigenblatt. Nur war dies kein Allerweltsblatt. Der Titel des Bildes beseitigte letzte Zweifel. Er lautete: "Feigenblatt - gefüllt". Und als Füllung des leicht gewölbten Blattes kamen ausreichend deutlich die Umrisse der primären männlichen Geschlechtsmerkmale zur Darstellung. Der Künstler, der übrigens auch für die Gemälde verantwortlich zeichnete, welche die einzelnen Szenen sozusagen als Kulissenersatz charakterisieren sollten, dieser Maler war einmal einen Winter lang mein Lehrer im Aktzeichnen gewesen. Zu diesen Séancen trafen wir uns allwöchentlich in seinem Atelier, das sich im Hinterhof eines Bürgerhauses selbigen Universitätsstädtchens befand. Kunststudenten beiderlei Geschlechts gaben uns Gelegenheit, an ihren häufig wechselnden Posen von höchstens 15 Minuten Dauer den freien Strich, den Mut zum Wagnis, zu erproben. Jetzt also würde ich diesem Künstler wieder begegnen. Das kann ja heiter werden, dachte ich mit Blick auf die neben mir erstreihig platzierte 94-jährige Schwiegermutter. Doch sie, die ihren eigenen Haushalt meistert und zum Einkaufen noch immer mit dem Fahrrad fährt und regelmäßig Berliner Theater besucht , lächelte spitzbübisch zurück, die Dinge die da noch kommen sollten gelassen und erwartungsfroh abwartend. Doch sie kamen gar nicht. Das heißt, sie kamen nicht richtig in Gang. Und das kam so.

Die erste Szene begann in einem Museum mit der Konfrontation zwischen Evelyn, einer Kunststudentin und Adam, einem jungen arbeitslosen Studenten als Museumswächter. Der Kampf entzündete sich an einer Statue des Apoll mit jenem (gefüllten) Feigenblatt. Sie überquert die Absperrung, wild entschlossen, diesem Apoll die durch Feigenblatt prüde verhüllten primären Geschlechtsmerkmale in roter Farbe aufzusprühen, ihn quasi in seinen Naturzustand zurückzuversetzen. Seine Aufgabe ist es, das zu verhindern. Gegen Ende der Szene sprüht sie dem Wärter, und nicht der Statue, ihre Telefonnummer ins Innere seiner Lederjacke.

Und so kommen die beiden sich in der zweiten Szene näher, die, geschickt durch eine Skizze meines ehemaligen Lehrmeisters angedeutet, offenbar in einem Restaurant spielt. Adam hat sich inzwischen gemausert. Er hat sich Mühe gegeben, seiner Evelyn zu gefallen: Er joggt; der Bauch ist flacher; der verfilzte Zopf wich einem Juppie-Cut; die Pickel sind wie weggeblasen. Und auch sie will den eingangs noch so unscheinbaren Mann nun offenbar haben (Zu welchem Zwecke wohl?), und zeigt ihm dies durch einen ersten heftigen Kuss. Da muss er noch einiges lernen.

Gerade als es anfängt spannend zu werden, in der dritten Szene, in welcher sich die beiden in der Wohnung eines kurz vor der Eheschließung stehenden Paares treffen, fängt Evelyn an zu husten. Einmal, zweimal und bald darauf ein drittes Mal. Anfänglich stört das keinen. Es gehört wohl in den Plan der Regie. Selbst der vierte Husten weckt beim aufmerksamen Mediziner nicht die Spur eines Verdachts, dass hier irgendetwas nicht stimmen, dass der Husten krankhaften Ursprungs sein könnte. Das Vierergespräch plätschert weiter vor sich hin, bis - ja, bis Evelyn ein fünftes Mal hustet und unter einem Vorwand hastig die Bühne verlässt. Nach weiteren vier Minuten lähmenden Small Talks tun die übrig gebliebenen drei Schauspieler das Gleiche. Sie treten ab.

Mitten in die erwartungsvolle Spannung der Zuschauer betritt derselbe adrette junge Mann die Bühne, der bereits eingangs zum Abstellen der Handys aufgefordert hatte (nur ganz nebenbei bemerkt : Wir besitzen noch immer keines) und verkündet, die Stimme der Evelyn habe versagt. Man wolle sehen, was sich machen ließe. „Geduld..." - mehrfache Bitte um Entschuldigung - und tritt ab.

Ein Raunen zieht durch das Auditorium. „Schade!" meinen einige - hoffentlich erholt sie sich alsbald wieder. „Genial!" meine ich und ahne einen mir allerdings noch nicht ganz nachvollziehbaren Regieschachzug des jungen amerikanischem Autors. Ja ich gehe sogar weiter und wage eine Wette mit meiner Frau, dass es sich darum und um nichts anderes handelt.

Es vergehen fünf Minuten. Und dann noch einmal zehn. Ich werde unsicher. Die vergnügte Spannung des Publikums weicht zusehends einer schleichenden Enttäuschung. Da betritt Frau Y persönlich die Bühne, begleitet von den drei übrig Gebliebenen. Es tue ihr unendlich leid, das sei bisher nur ganz selten vorgekommen. Die Stimme der Evelyn sei hinüber - wenigstens heute Abend; die Vorstellung sei zu Ende. „Wiedergutmachung - Ersatz der Eintrittskarten - vielleicht ein Gläschen Sekt im Foyer?..." Und: "Entschuldigung", immer wieder „Entschuldigung". Das tolerante Publikum spendet der sympathischen Intendantin anhaltend verständnisvollen Beifall und macht sich bereit für den Rückzug über das steile Treppenhaus.

Auch wir brechen auf. Bereits auf der Rückfahrt im Auto beginnt die Diskussion. Vergessen, dass uns eine verheißungsvolle Beziehungsgeschichte entgangen war. Dies hier war ein echtes Drama aus dem prallen Leben. Was war geschehen? War so etwas überhaupt schon ein einziges Mal vorgekommen? Wie würde es weitergehen mit dem Zimmertheater, dessen nackte Existenz von allabendlich ausverkauften Vorstellungen abhängt? Und was vor allen Dingen wird aus der unglücklichen Schauspielerin? Die ärztliche Diagnose schien klar: Dies war keine plötzliche „Stimmbandlähmung". Die Katastrophe hatte sich in den ersten zwei Szenen auch nicht durch die harmlosesten Symptome einer Erkältung oder anderweitiger Verstimmung angekündigt. Diese Stimme erklang bis zum Bruch unauffällig und deutlich. Aber wenn alles nur psychosomatischen, vielleicht sogar hysterischen Ursprungs war, - warum nur? Die junge Mimin müsste sich doch darüber im Klaren sein, dass ein derartiger Ausfall das Ende einer gerade erst begonnenen Karriere bedeuten könnte. Welcher Intendant würde sich zukünftig noch auf ein Engagement mit dieser „unsicheren Kantonistin" einlassen? Fragen über Fragen.

Wir spielen verschiedene Szenarien durch. Die Diskussion verlief weitaus bunter, als dies nach einem noch so vollendeten Theaterabend der Fall gewesen wäre. Der Phantasie waren keine Grenzen gesetzt. Schon morgen früh wird man Evelyn in ihrer bescheidenen Altstadtwohnung mit einem Revolver in der Hand und einer Kugel im Kopf tot auffinden. Oder sie verschwindet spurlos. Erst zweieinhalb Jahre später entdecken spielende Kinder irgendwo im Dickicht des Odenwalds ein Skelett und daneben das zur Unlesbarkeit verwaschene Manuskript einer Theaterrolle. Oder sie flieht, weil sie im alten Europa keine Rollenangebote mehr bekommt. Flieht über den Atlantik nach Amerika, nach Hollywood gar, wo sie eine zweite Karriere als Pornodarstellerin beginnt.

Vor allem setzte ich mich noch am selben Abend an meinen Schreibtisch, um einen Brief an die untröstliche Intendantin zu verfassen, so wie ich das auch nach früheren gelungenen Vorstellungen des Häufigeren getan hatte. Hier ist dieser Brief :

Verehrte, liebe Frau Y,

diesmal ist es leider keine "Kritik", sie wäre sicher glänzend ausgefallen, sondern ein Kondolenz-Schreiben:

Dieser „Abbruch" heute Abend hat uns dreien in der ersten Reihe, meiner Frau, meiner Schwiegermutter und mir, wirklich sehr Leid getan. Vor allem für Sie und für die junge Evelyn.

Aber seien Sie versichert: Es hat unserer Begeisterung für Ihr Theater keinen Abbruch getan. Schon gar nicht bei dieser verheißungsvollen Inszenierung mit den schmalen Paneelen, als Schlüssel jeder Szene. (Übrigens, der Maler, Herr X, war einmal vorübergehend mein Lehrer im Aktzeichnen).

Nur finanziell war der Abend eine Katastrophe. Nein, nicht wegen der drei Karten. Die kaufen wir gerne und baldmöglichst ein zweites Mal.

Aber hinterm Gaisbergtunnel wurde ich geblitzt (nun schon zum dritten Mal): 58 statt 50 km/h. macht € 20.

Und im Theater habe ich nach jenem „Abbruch" mit meiner Frau gewettet, nämlich, dass dies alles natürlich ein Teil des Stückes, eine originelle Idee von LaBute sei. Macht noch einmal € 20.

Nun bleibt uns nur noch, der jungen Schauspielerin eine rasche und gute Besserung zu wünschen. Als Arzt würde mich natürlich später einmal die Diagnose interessieren. Und: Ist Ähnliches wirklich schon einmal passiert?

Vor allem wünschen wir Ihnen eine baldige Wiederaufnahme des Stückes. Dann sind wir wieder dabei. Auch um zu erfahren, inwieweit die Viererbande gegen Ende der dritten Szene „improvisiert" hat.

Mit herzlichen Grüßen

Ihre

Ursula und Michael Trede

Am Freitagmorgen, der Brief war noch nicht abgeschickt - klingelt unser Telefon. Es ist die Dame an der Kasse des Zimmertheaters. Wir müssten unbedingt noch in der nächsten Woche wiederkommen, um unsere Karten einzulösen. Ja, Evelyn sei soeben beim Arzt gewesen. Die Stimmbänder hätten sich schon weitgehend erholt. Für den heutigen Abend habe der Arzt ein leichtes Medikament verschrieben. Die Wochenendvorstellungen seien natürlich schon ausverkauft.

„Der gute Kollege", dachte ich nur noch und beeilte mich, die verlorene Wette mit meiner Frau zu begleichen.

Der Kesslerhof in Hinterzarten (18.10.05)

Wenn der Vater mit dem Sohne

Oder: Die Tücken der modernen Technik

Unser Sohn Nikolaus forschte an der Harvard Medical School in Boston, als ihn die ehrenvolle Einladung, in Wien einen Festvortrag zu halten, erreichte. Bei der zwölften Tagung „Pädiatrische Forschung mitteleuropäischer Länder" am 28. November 2003 sollte er eine ganze Stunde lang über „Zebrafish as a model for organ development and disease" referieren. Nachdem ich versprochen hatte, nicht mitten im Vortrag aufzuspringen, auf den Vortragenden zu zeigen und dem Auditorium zuzurufen „My ssönn!!"(„mein Sohn!!"), bekam ich die Erlaubnis, ja sogar die Einladung, auch nach Wien zu kommen, dem Vortrag unauffällig beizuwohnen, und danach noch einen vollen Wien-Kultur-Tag dort mit Nickel zu verbringen.

Während also Nickel den Atlantik mit Air France sehr angenehm überquerte, zwängte ich mich mühsam in eines der „Citynight"-Schlaf(Post)Fächer. Man hatte mir das obere der beiden schmalen „Fächer" zugewiesen; was wussten die schon von meinem „schlimmen Rücken"? Im Unteren gewahrte ich nur Teile eines entblößten, leicht variösen Unterschenkels: weiblich? - männlich? - Terrorist, Mörder gar?! Und immer wieder schob sich die Schlagzeile: „Streckenwärter macht grausigen Fund. Leichenteile zwischen Wels und Linz!" vor die Schlafwagen-Story, die ich einem australischen Email-Freak verdanke, und die ich mir eigentlich für diese Fahrt zurechtgelegt hatte. Möchten Sie sie trotzdem hören? Gut, also bitte:

Im Original: A man and a woman, who had never met before, find themselves in the same sleeping carriage of a train. After the initial embarrassment, they both manage to get to sleep, the woman on the top bunk, the man on the lower. In the middle of the night the woman leans over and says. "I'm sorry to bother you, but I'm awfully cold and I was wondering if you could possibly pass me another blanket." The man leans out and, with a glint in his eye, says, "I've got a better idea, lets pretend we're married." "Why not?" giggles the woman. "Good", he replies. "Get your own f***ing blanket."

Übersetzt: Ein Mann und eine Frau, die sich noch nie begegnet waren, finden sich zufällig im selben Schlafwagenabteil. Nach anfänglicher Verlegenheit, gelingt es beiden einzuschlafen, die Frau im oberen, der Mann im unteren Bett. Mitten in der Nacht lehnt sich die Frau herunter und sag "Es tut mir Leid Sie zu stören, aber mir ist schrecklich kalt. Darf ich Sie bitten, mir noch eine Decke rauf zu reichen?"

Der Mann lehnt sich auch heraus und sagt, mit einem Funkeln in den Augen:

"Ich hab' eine bessere Idee, lass' uns doch so tun als wären wir verheiratet."

"Warum nicht", kichert die Frau. "Gut", antwortet er, "Hol' Deine eigene verdammte Decke!"

Aber, wie gesagt, die Horror-Schlagzeile schien viel plausibler; was hatte man nicht schon alles über Schlafwagen gelesen...?! An Schlaf war nicht zu denken: Das Dauerrütteln, die vorüber huschenden Lichtblitze, der schlimme Rücken auf engstem Raum. Und dann war da noch etwas. In der Eile hatte ich vergessen, die Blase noch ein letztes Mal zu entleeren. Ich erspare dem geneigten Lesenden den Rest der Nacht: Das ungeschickt-schmerzhafte Herunterklettern, die Suche nach Schuh und Mantel im Dunkeln, die Toilette am Ende des Zuges, den Weg zurück, und alles haarscharf an jenem Unterschenkel vorbei.

Im Morgengrauen stellte sich dann heraus, dass dieser einem netten Handlungsreisenden aus Wien gehörte, der mich sogar noch mit guten Ratschlägen versorgte.

Die chronologische Abfolge von drei zauberhaften Wiener Tagen möchte ich der Kürze wegen in drei Absätzen zusammenfassen, denn Nickel und ich haben viel Wunderschönes, aber auch etwas Angstschweiß-Treibendes erlebt. Letzteres zuerst:

Der (fast) ungehaltene Vortrag

Nickel hatte ihn noch einmal am Donnerstag am Laptop im Hotelzimmer geübt. Es sollte ja eine dieser modernen „Powerpoint-Presentations" werden, mit animierten Bildern und Zebrafischchen, die auf Kommando den Bildschirm umschwärmen. Ich, der ich bisher nur über sperrig-langweilige Diakästen verfügte, ich war fasziniert.

Am Freitag, der Vortrag war von 12.00 - 13.00 Uhr terminiert, standen wir rechtzeitig auf, um die ganze Präsentation im Vortragssaal, noch vor dem Frühstück, anzuschließen und auszuprobieren.

Niet! Es ging nicht. Auch der bereits anwesende Projektionsexperte konnte nicht erreichen, dass das, was Nickel auf seinem Apple-Laptop bewegte, auch vom Beamer auf die Leinwand im Hörsaal projiziert wurde. Was nun? Keine Panik - noch hatten wir dreieinhalb Stunden Zeit.

Als erstes besorgte ich die Telefonnummer des Apple Computer Service aus den Wiener "Gelbe Seiten". Falls sie jemand mal braucht, sie lautet 01.71182-0. Nickel flüsterte lang und ausführlich mit einem freundlichen aber hilflosen „Experten". Er flüsterte, wurde aber doch, leicht irritierend, von dem bereits versammelten Auditorium vernommen. Doch viel schlimmer: Die Ratschläge des „Experten" liefen ins Leere.

Jetzt hatten wir noch zweieinhalb Stunden Zeit, aber noch immer nicht gefrühstückt. Nickel meinte, dass vielleicht eine leere CD helfen könnte, auf die er seinen Vortrag neu „brennen" würde.

Ich rannte also hinaus ins neblig-kalte Hietzing, fand tatsächlich einen Computerladen und erstand stolz zwei dieser Scheiben. Und während sie „brannten", genehmigten wir uns ein Frühstück.

Kaum war das runtergeschluckt, eilten wir erwartungsfroh in den Vorraum des Konferenzsaals. Die Disc hatte den Vortrag aufgenommen. Sie funktionierte auch perfekt in Nickels Laptop. Aber - in einer Vortragspause - mussten wir feststellen, dass auch jetzt der Beamer die Mitarbeit versagte.

Spätestens jetzt brach Angstschweiß aus. Der rührende Gastgeber, Prof. Radvan Urbanek, Nickels Freiburger Doktorvater und jetzt Ordinarius für Pädiatrie an der Wiener Universität, versuchte uns zu beruhigen: „Wir verlegen den Vortrag auf den Nachmittag", er würde andere Beiträge eben vorziehen (wenn er bloß deren Redner rechtzeitig finden könne...).

Noch 45 Minuten „bis Buffalo". Nickel neben mir vergrub das Gesicht in den Händen. Und spätestens jetzt wurde mir klar: Er hatte die ganze lange Reise umsonst gemacht! Seine Gastgeber hatten Reise, Hotel und alles umsonst gezahlt! Denn wenn jetzt alles versagt, warum soll es heute Nachmittag klappen?

Noch 25 Minuten! Ohne wirkliche Hoffnung, sagte ich: „Ruf noch mal an. Vielleicht kann einer der „Apple" - Männer schnell her kommen". Und Nickel rief noch mal an. Diesmal war ein anderer dran. Nein, er könne nicht kommen, „aber, da brauchen Sie doch nur die Taste xy links unten drücken, mit der Maus auf uv zielen und dann wird es passen."

Es ist genau 5 vor 12. Der Hörsaal ist voll - und diesmal klappt es!!!

Der Rest ist schnell erzählt: Der Vortrag war ein brillantes Feuerwerk. Eigentlich hatte ja Nickel den Vormittag für letzte Vorbereitungen nutzen wollen. Nun aber legte er wie befreit los und schilderte sein schwieriges Arbeitsgebiet mithilfe der Bilder so anschaulich, dass selbst der allerletzte Laie meinte , er hätte fast alles verstanden. Dieser Allerletzte war natürlich ich. Am Schluss nichtendenwollender Applaus. „Standing Ovations", sozusagen und ein glücklicher erleichterter Gastgeber, und Redner - und Vater.

Die Wiener Kultur

Am ersten Abend ergatterten wir noch Karten (Balkon 1.Reihe) im legendären Musikvereinssaal, in dem noch kurz vor seinem Tode Brahms eine Uraufführung erlebt hatte. Für uns dirigierte Christof Penderecki persönlich Mendelssohn, die Schottische, und sein eigenes Concerto Grosso für drei Celli, gespielt von Boris Pergamenschikow (ebenfalls kurz vor seinem Tode), und zwei jüngeren Virtuosen.

Wir sahen Klimts Beethovenfries in der Sezession; eine fantastische Gegenüberstellung von Francis Bacon und seinen klassischen Vorlagen (Papst-Velasquez; Maler mit Staffelei - Van Gogh etc.) im Kunsthistorischen Museum; dort auch sämtliche Breughels und Arcimboldis und, und...

Wir besuchten Freud in der Berggasse 19, wo ich Nickel auf dem Sofa fotografierte, ohne, dass es einer gemerkt hätte.

Wir pilgerten zum Zahnwehherrgott und der Dienstbotenmadonna (1325!) im Stefansdom und wir erlebten die Staatsoper mit einem märchenhaften „Nussknacker", wie er schöner nicht hätte sein können.

Das Wichtigste zum Schluss:

Die Gespräche

Über den Atlantik telefonieren ist eben doch nicht dasselbe. Aber bei Wiener Schnitzel, Palatschinken und Rotwein im „Griechenbeisl" datiert ins Jahr 1447, wo schon Beethoven, Schubert, Wagner, Strauss, Brahms (ja und auch Helmut Kohl) ein und aus gingen, dort konnten wir uns in aller Ruhe über alles unterhalten. Dasselbe beim „Griensteidl", dem Stammlokal von Schnitzler, Hofmannsthal, Hugo Wolf und Schönberg, oder im Cafe Sacher bei einem „Verlängerten" mit echter Sachertorte, oder beim Festabend zu Ehren des 60.Geburtstags von Radvan Urbanek im Palais Pallavicini, wo ein rührendes Ensemble nicht nur das Forellenquintett aufführte, sondern das Thema von einem Wiener Sängerknaben blitzsauber vortragen ließ. Fazit: Wir haben uns sehr gut unterhalten!

Am Morgen des vierten Tages, dem Sonntag, ist dann der Nickel nach Boston zurückgeflogen.

Muss ich erklären, warum ich auf die Rückfahrt im „Citynight" verzichtete, umdisponierte und den Tageszug zurück nach Mannheim nahm?

Die Geislerspitzen im Winter, Dolomiten (6.2.04)

Die Wahrheit erfinden

Oder „The Art and Craft of Memoir"

Das ist der Titel einer Anthologie, in der neun amerikanische Schriftsteller, darunter eine farbige Nobelpreisträgerin, ihre Gedanken über Kunst und Technik des Memoirenschreibens verraten. Eine faszinierende Lektüre, ohne die sich angeblich niemand an seine Autobiographie wagen sollte*.

Nun hab ich meine aber längst geschrieben. Warum? Diese Frage hab ich in einem anderen Essay zu beantworten versucht. Bliebe also noch die Frage nach dem Wie?

Als ich die Antworten jener neun Schriftsteller auf diese Frage Revue passieren ließ, war ich freudig überrascht, wie sehr ihre Probleme und deren Lösung den meinen ähnelten.

Zunächst einmal braucht man **Quellen**, zuverlässige Quellen in Wort und Bild, wenn sich Wahrheit und Dichtung einigermaßen die Waage halten sollen. Machen wir uns aber nichts vor: Briefe, Tagebücher, selbst Fotos werden niemals die ganze Wahrheit enthalten. Eine absolute Wahrheit gibt es ohnehin nicht. Ich kann mich gut erinnern, wie ich beim Tagebuchschreiben im Mai 1942, also mit dreizehn Jahren, sehr wohl den zukünftigen Leser über meine Schultern blicken ließ. Da wurden zwar keine Unwahrheiten gesagt, doch wurde sicher nicht alles gesagt, was wahr war.

Urkunden dagegen enthalten eine objektive Wahrheit, wenn auch meist eine recht trockene. Es kommt darauf an, was man draus macht. Russel Baker z.B. machte viel aus der zufälligen Entdeckung einer Urkunde. Es war die Heiratsurkunde seiner längst verstorbenen Eltern. Sie datierte vom März des Jahres, in dem er im August zur Welt kam. Also zog er den (gewagten) Schluss, er sei ein „Kind der Liebe". Die Tatsache, dass seine Mutter bei ihrer Hochzeit bereits schwanger war und ob er diesen Tatbestand überhaupt veröffentlichen dürfe, das bereitete diesem Pullitzerpreisträger, noch im Jahre 1979, schwere Zweifel(!). Immerhin konnte er dies wohl, bei der nächsten Sitzung, seinem Psychotherapeuten anvertrauen. Dieselbe Urkunde wurde übrigens für meine Eltern am 16. April 1928 ausgestellt - auch „zu spät" für meinen Geburtstag im Oktober desselben Jahres.

Neben Urkunden, konnte ich auf viele bewegende **Briefe** zurückgreifen:

Den allerletzten Brief - sieht man von wenigen knappen 25-Worte-Rotkreuz-Mitteilungen ab, die uns noch bis zu ihrer Deportation erreichten - den letzten Brief also, den meine Großmutter Anna von Hamburg über ihren Sohn Franz in Norwegen an ihre Tochter Gertrud in England zu Ostern 1940 schickte.

Den dreizehn Seiten langen Brief, den mein Vater, kurz vor seinem Tode, nach Kriegsende an seine (geschiedene) Frau und an seinen Sohn, also, an mich, schrieb.

Ein Konvolut aufschlussreicher Briefe meines Vaters an seine Mutter, geschrieben im Schicksalsjahr 1933, deren Kopien meine Schwiegermutter fünfundsechzig Jahre später in einer Dachkammer fand.

Und Briefe meines Onkels Franz, geschrieben in seinem norwegischen Versteck vor der Verhaftung an seine Söhne, die damals bereits in Hitlers Wehrmacht geraten waren. Man stelle sich das vor: Der Vater im KZ ermordet, die Söhne an der Front für Hitler...

Diese alle habe ich immer wieder gelesen und dabei viel Verständnis für die Ansicht gewonnen, dass jemand, der einen handgeschriebenen Brief wegwerfe, das Herz eines Mörders habe.

Dieser Mahnung hat es nicht bedurft, als es um die Aufbewahrung von mehr als vierhundert Liebesbriefen ging, die in unseren ersten drei Verlobungsjahren, durch den „Eisernen Vorhang" hindurch, zwischen Berlin(Ost) und London hin und her flogen.

Schließlich gab es jene zahllosen Briefe, die ich selber an meine Mutter schrieb: Die Ersten, die ich, kaum des Schreibens kundig, vor dem Einschlafen neben mein Kopfkissen legen musste, bevor die Mutter spät abends vom Musikunterricht in Hamburg zurückkehrte. Die Meisten als Schüler in englischen Landschulheimen oder Student in Cambridge, die Letzten als wehrdienstpflichtiger, britischer Militärarzt zurück in Deutschland, bevor dann meine Frau aufopferungsvoll diese Briefpflicht auf sich nahm.

Und es war eine belastende Pflicht, dieses allwöchentliche Briefeschreiben. Die Mutter scheute keine

Mittel, diese Epistel anzumahnen und einzutreiben. Selbst Lehrer und sogar Schulleiter nervte sie mit diesem Problem. Andererseits hütete sie diese Briefe wie einen Schatz. Erst Jahrzehnte später fand ich sie fast alle, chronologisch nach Trimestern sortiert, mit bunten Wollfäden gebündelt, in zwei Koffern in der „Attic" wieder. Das war der sagenhaft unaufgeräumte Aufboden in „Creta", dem einen der zwei viktorianischen Häuser an der Küste Kents, die meine Mutter von ihren englischen Freunden geerbt, zuletzt ganz alleine bewohnt, und schließlich den Nachkommen dieser Freunde zurückgeschenkt hatte.

Als meine Mutter längst nach Deutschland zurückgekehrt und dort verstorben war, fanden diese „Nachkommen" in den verwahrlosten Häusern eine veritable Müllhalde. Es war nicht nur der Hang meiner Mutter zu unkonventioneller Unordnung, es waren auch die Spuren etlicher Raubzüge, die diese Häuser im Laufe der Jahre durchlitten hatten, die zu dem ultimativen Chaos geführt hatten. Den verschiedenen Einbrechern, oder war es immer ein- und derselbe?, etwa der stets so „ hilfsbereite Douglas"?, ihnen also, boten die altmodischen Türschlösser kein ernst zu nehmendes Hindernis. Und offenbar wussten sie oder er, dass man es da drinnen allenfalls mit einer einzigen, 90-jährigen, stocktauben Dame zu tun hätte. So erdreisteten sie sich einmal sogar, sämtliche Regale und Schubladen ihres Schlafzimmers nach Pretiosen zu durchwühlen (sie hatte keine) während „the old German Lady" friedlich daneben in ihrem Bett schnarchte. Zurück blieben dann jene Berge alter Briefe, Fotos, Papiere, Urkunden, Rechnungen, Ausstellungskataloge, Konzert- und Theaterprogramme, Zeitungsausschnitte, Zeugnisse, Tage-, Postspar- und Adressbücher inmitten der Zimmer, welche die dankbaren Nachkommen später zusammenkehrten und, in zwölf voluminöse Pakete verpackt, zurück nach Deutschland schickten. Ich werde nie aufhören mich darüber zu wundern, dass dieser Schatz die Emigration, den Krieg, etliche Umzüge (von Raubzügen ganz zu schweigen) und dann die Rückkehr nach Deutschland so relativ unversehrt überstanden hat.

Dieses kostbare Durcheinander zu sichten, das Wichtige vom Entbehrlichen zu trennen und dann alles nach Jahrgängen in überdimensionierte Couverts chronologisch einzuordnen, das war die Herkulesarbeit von zwei Monaten. Dabei musste jeder Brief gelesen und Interessantes stichwortartig auf die Rückseite des Couverts notiert werden. Das Lesen allein, auch der vielen Bücher von Frankl, Klemperer, Klüger, Posener, Reich-Ranicki, Sereny u.v.a.m., genügte eben nicht. Wichtige Zitate mussten markiert und wieder auffindbar sein.

Wenn ich alle diese schriftlichen Zeugnisse überblicke, kommen mir zwei Ratschläge und eine Frage an unsere Nachkommen in den Sinn:

Erster Rat: Jeder nachdenkliche Mensch sollte Tagebuch führen. Ich bereue, dass ich es nur lückenhaft tat. Denn wie Martin Walser so richtig sagt: „Wenn etwas vorbei ist, möchte man erfahren, wer man, so lange man gewartet hat, gewesen ist". Außerdem ersetzt es den irgendwie abhanden gekommenen Beichtvater. Und den Psychiater(!)

Zweiter Rat: Halte es wie meine Mutter, bewahre alle Briefe (möglichst geordnet) auf.

Das habe ich getan, bei besonderen Patientenbriefen und all den vielen, die unsere fünf Kinder ans Elternhaus richteten, nachdem sie es verlassen hatten.

Und **die Frage**?:

Wie werden künftige Computergenerationen dieses Problem bewältigen?

Spontan hingefetzte E-Mails können Briefe nicht ersetzen, schon gar nicht, wenn niemand sie liest, ausdruckt und aufbewahrt. Wird es ihnen gehen wie Friedensreich Hundertwasser prophezeit? „Wer die Vergangenheit nicht ehrt, verliert die Zukunft. Wer seine Wurzeln vernichtet, kann nicht wachsen".

Eine weitere sprudelnde Quelle waren **mündliche Überlieferungen**. Damit meine ich Familienanekdoten, Aussprüche unserer Kinder und jene ihrer Großmutter(!), die Philharmonikerstories meines Schwagers u.v.a.m., aber auch die Ergebnisse spezieller Interviews.

So unternahm ich weite Reisen, um mich mit meinen Schulkameraden von einst in Blankenese, Bunce Court oder Cambridge zu treffen und mit den Jugendfreundinnen, die heute ganz anders heißen, - und aussehen. Ein Wochenende auf dem dreihundert Jahre alten Schwarzwaldhof mit Alpenblick meines Vetters Peter brachte viele Details ans Licht, nicht nur aus seiner Zeit in der Wehrmacht, oder dem Martyrium seines Vaters, meines Onkels Franz, in Norwegen, sondern vor allem auch über unsere gemeinsame Großmutter Anna.

Die Forschungsreisen galten aber nicht nur den Dramatis personae, sondern auch den **Lokalitäten**, den Bühnen auf denen sich alles abgespielt hatte. Ausgerüstet mit Stadtplänen, fand ich sie alle wieder: Vom Geburtshaus in Hamburg-Eppendorf, über Marienau, Blankenese, Bunce Court, Birchington, Worcester, Pitlochry, Cambridge, London, Klein-Machnow, Berlin-Westend, Santa Monica bis nach Heidelberg und Nussloch.

In diesem Zusammenhang formulierte Annie Dillard, auch eine Pulitzerpreisträgerin, eine unkonventionelle Beobachtung. Sie sagt: „Wenn Du Deine Erinnerungen liebst, dann schreib kein Buch darüber. Du wirst sie verlieren. Das Buch frisst Deine Erinnerungen - und es ersetzt sie. Nachdem die Autobiographie geschrieben ist, kannst Du Dich nur noch an das Geschriebene erinnern." Nach anfänglicher Skepsis, musste ich ihr Recht geben. Doch die vielen Fotos, Dias und Filme? Sie meint, am Ende kannst Du Dich an nichts mehr erinnern, als an diese Bilder. Da bleibe ich skeptisch.

Schließlich hab ich auch regelrechte **Recherchen** betrieben. Nicht nur im Internet, das ich damals nur unvollkommen beherrschte, nein, auch in altmodischen Bibliotheken, etwa im Anglistischen Seminar in Heidelberg, in der neuen British National Library bei Kings Cross und in der Hamburger Staatsbibliothek. Können Sie sich vorstellen, wie mir zumute war, als ich dort in den „Stenographischen Berichten über die

Sitzungen der Bürgerschaft zu Hamburg", Dutzende von ledergebundenen Folianten, zahlreiche Beiträge des Abgeordneten Dr. med. James Daus, meines Großvaters, entdeckte? Von ihm wusste ich bis dahin nur wenig aus den Erzählungen meiner Mutter.

Aber ich bin in derselben Bibliothek auch in die Fallen der Sekundärliteratur hineingetappt. So mit dem Buch „Die Blankeneser Kirche", erschienen im Jahr 1996, in dem vom segensreichen Wirken des Probstes Schetelig sowie des Pastors Schmitt die Rede war, nachdem diese damals (1933) „bald und freudig" den Deutschen Christen beigetreten waren. Dass sich daran aber bis 1945 nichts geändert hat, dass die Blankeneser Kirche ihr Kirchenbuchamt seit 1936 der „Sippenforschung" zur Verfügung stellte und so zur Klärung der Frage, wer Arier, wer Voll-, Halb- oder Vierteljude war entscheidend beitrug, und auch noch stolz darauf war, dass es ihr vergönnt sei, in dieser Zeit unserem Volke so wertvolle Dienste (d.h. wohl für die „Endlösung") leisten zu können - diese Fakten haben erst allerjüngste Nachforschungen der Blankeneser Gemeinde (2004) anhand von Briefwechseln, Verordnungen und Zeitungsberichten der 30er Jahre ans Tageslicht gebracht. So kann ich nur auf eine vierte Auflage des „Rückkehrers"** hoffen um diese Passage noch zu korrigieren.

Wir kommen schließlich zur Niederschrift.

Als ich im Mai 1999 auf „unserem" Tegernseer Bauernhof zu schreiben begann, hatte ich nur recht vage Vorstellungen über Form und Inhalt des Buches. Ich begann einfach mittendrin mit der Kernfrage

„Warum zurück?" Einige autobiografische Fragmente lagen bereits vor:

Ein erzählerischer „Lebenslauf", den ich schon bei meinen Antrittsreden im Rotary Club(1973), der Heidelberger Akademie der Wissenschaften (1987) und vor dem Präsidium der Deutschen Gesellschaft für Chirurgie(1994) verwendet hatte; ein langes Gespräch mit Prof. Sir David Carter anlässlich einer Wanderung in den schottischen Highlands, als er mich über mein Leben ausfragte, offenbar um Material für Laudationes zu sammeln, die in jenem Jahre 1995 in Edinburgh anstanden; und dann lagen noch die vielen Seiten vor mir, die ich noch an ihrem Todestag, dem 14.10.1996, über meine Mutter zu schreiben begann. Was ich damals bis spät in die Nächte hinein schrieb und nach der Beerdigung im Familienkreise vorlas, wurde zum Gerüst für das erste Kapitel:„Die Mutter". Nur wusste ich damals noch nichts davon.

Im Juli 1999 besuchte uns ein Verleger auf der sonnigen Blumenterasse des „Feudenhauses". Er hatte bereits einige Chirurgenbiographien in seinem Verlag herausgebracht. Wir waren uns bald über den „Vertrag" einig. Unterschrieben wurde aber gar nichts. Trotzdem konnte ich von nun an mehr oder weniger systematisch weiterschreiben, mit der beruhigenden Gewissheit, dass dieses Buch auch veröffentlicht werden würde. Welcher Autor kann das schon von seinem Erstlingswerk erwarten?

Also schrieb ich die 421 Seiten in achtzehn Monaten, die nicht gerade arm an Nebenbeschäftigungen waren. Ich schrieb zu Hause, mit Blick in den Garten, auf der Dachterrasse der alten Pension in Sils-Baselgia, mit Blick auf den Fexgletscher, und ich schrieb auf Eisenbahnfahrten quer durch Europa. So entstand: „Mehr über meine Mutter" am 1. Mai 2000 im ICE von Mannheim nach Berlin. Erst mittendrin bin ich übrigens auf den Trick mit den „Skizzen" gekommen. Dadurch wurden die zehn Kapitel in etwa achtzig besser verdauliche Häppchen (=Skizzen) unterteilt. Das Buch bekam zu Recht den Untertitel „Skizzenbuch eines Chirurgen".

Damals, im Juli 1999 gab ich dem Verleger zwei Probeskizzen und ein vorläufiges Inhaltsverzeichnis mit. Bald stellte sich heraus, dass ihm zwar die Darstellung gefiel, er sich aber weniger Familiär-Persönliches und mehr „Erlebte Medizingeschichte" wünsche. Ungeachtet dieser Vorbehalte im Nacken schrieb ich unbeirrt weiter. Aber bis zuletzt, noch nach Abgabe des Manuskripts zu Weihnachten 2000, lebte ich in ständiger Sorge, dass irgendein Lektor die persönlich gehaltenen Abschnitte zusammenstreichen würde.

Am Ende wurde gar nichts gestrichen. Auch nicht die mehr als 200 Druckfehler(!).Eine(n) Lektor(in) im traditionellen Sinne gab es in diesem Verlag wohl nicht mehr. Und es stellte sich heraus, dass gerade diese Familiengeschichte auf mehr Resonanz stieß, als ich erwarten durfte. Dasselbe gilt für den Titel, für den sich der nüchterne Verleger bis zuletzt nicht erwärmen konnte. Er wurde leider etwas unsanft, noch vor Erscheinen der dritten Auflage, vom Verlag entlassen. Ich kann nur hoffen, dass „Der Rückkehrer" damit nichts zu tun hatte.

Zitate aus:

*Inventing the Truth. The Art and Craft of Memoir.

Ed. William Zinsser, Houghton Mifflin Co. Boston, New York, 1998

** "Der Rückkehrer, Skizzenbuch eines Chirurgen" von Michael Trede

Ecomed Verlag, Landsberg, 3. Auflage, 2003

ISBN 3-609-16172-8

Ein Weiser im Garten (4.10.04)

Warum hast Du das Buch denn geschrieben?

„Warum hast Du das Buch denn geschrieben?".

Die Frage kam von der zehnjährigen Nike in der dritten Reihe. Und da sie schon so lange, so vehement eifrig ihren Finger gestreckt hatte, war sie nun dran, und sollte eine Antwort bekommen.

Dazu muss man wissen, dass noch mindestens zwei weitere Dutzend Fingerchen, alle von Zehnjährigen, um meine Aufmerksamkeit buhlten. Es waren hier nämlich alle Viertklässler - achtzig an der Zahl - in der Aula meiner alten Volksschule, der Gorch-Fock-Schule in Hamburg-Blankenese, versammelt um einer Lesung aus meinem Buch* zu lauschen. Und wie sie gelauscht haben! Fünfundneunzig Minuten, ohne Pause, mucksmäuschenstill.

Gelesen hab ich allerdings immer nur Fünf-Minuten-Häppchen und dazwischen viel Zeit für Fragen gelassen. Jetzt also war Nike dran. Aber wie soll ich ihre Frage beantworten?

Gar nicht so einfach, denn die Antwort ist vielschichtig.

Fangen wir mit dem Erfreulichen, dem Genussvollen an. Ich habe mir die Nachforschungen und die Niederschrift des „Rückkehrers" sozusagen zum Ruhestand geschenkt. Vorsorglich, um eine gähnende Leere auszufüllen. Eine Leere, die es so dann eigentlich gar nicht gab. Aber das Schreiben hat mir tatsächlich „ein zweites Leben" beschert. Frei nach Günter de Bruyn, konnte ich „vom sicheren Hafen des Alters aus, auf dem Papier, die Leiden und Freuden des Lebens noch einmal durchlaufen. Ich konnte die schon Gestorbenen wieder zum Leben erwecken, mich freuen mit ihnen und sie noch einmal beweinen. Mich selbst konnte ich noch einmal durch die Himmel und Höllen des Lebens schicken, mit der beruhigenden Gewissheit diesmal, dass ich alle Schrecken, wenn auch nicht gerade mit Glanz, überstehen werde".

Und wenn ich abends im kleinen Kreise, meist nur meiner Frau, ein Kapitel vorlas, von dem ich meinte es sei mir gelungen, dann wurde mir dasselbe wohlige Gefühl zuteil, das mich manchmal (selten genug!) bei der Betrachtung eines soeben fertig gemalten Bildes überkommt. So gingen achtzehn Monate ins Land. Und als das Buch fertig war, ergriff mich eine gewisse Wehmut, ja Trauer darüber, dass diese zweite Reise durch mein Leben nun vorbei sei.

Es war auch so etwas wie Selbsterforschung dabei, „der Versuch mich über mich selbst aufzuklären"(G.v.B.). Und ich hab tatsächlich einiges, auch Neues, über mein Leben dazugelernt. So wie es jetzt auf 421 Seiten schwarz auf weiß vor mir liegt, hatte ich es mir vorher nicht vorgestellt. So wie es schließlich herauskam, war das Buch auch gar nicht von Beginn an konzipiert.

Neben dem Selbsterforscher spielt bei mir auch der Chronist eine große Rolle. Schon immer, seitdem ich des Schreibens mächtig war, habe ich, zunächst von der Mutter dazu angehalten, später selbständig und freiwillig, Aufzeichnungen gemacht: Tagebücher, Briefe, Zeichnungen, Fotos, Reiseberichte, Jahresübersichten und dann die obligaten Curricula Vitae für Bewerbungen oder Antrittsreden.

Wahrscheinlich schlummert dieser Hang zum Chronisten in jedem Menschen, sozusagen als Versuch, dem Vergessen zu wehren, „die Daseinsflüchtigkeit aufzuhalten"(G.v.B.). Wollte ich mir, diesem Staubkorn unter Trillionen, am Ende durch diese Niederschrift ein winziges Stück Unsterblichkeit sichern? Schon möglich. Das mag zumindest für die allernächsten Nachkommen, die Kinder, die Enkel, vielleicht die Urenkel gelten. Bei ihnen wird ja ein gewisses Interesse (oder ist es nur Neugier?) als selbstverständlich vorausgesetzt. Ich erinnere mich, wie hartnäckig unsere Kinder ihrer alten Großmutter, der „Omu", zusetzten, um z.B. Einzelheiten aus ihrem Leben in den Zwanziger Jahren zu erfahren. Vergeblich, denn, mit zunehmendem Alter wuchsen bei der Omu Schwerhörigkeit, Gedächtnisschwäche und eine ihr ganz eigene Vergoldungstendenz. So taugte sie wenig als zuverlässige Zeitzeugin. Dem wollte ich vorbeugen, indem ich meine Aufzeichnungen immerhin mit zweiundsiebzig, heutzutage noch relativ jungen, Jahren anfertigte. Den fünf Kindern bin ich damit vielleicht noch zu unangenehm nahe. Und von den zwölf Enkeln können die Hälfte kein Deutsch lesen. Aber vielleicht einmal die Urenkel...

Natürlich steckt in jeder Autobiografie auch eine Portion Selbstdarstellung. Bei einigen mehr, bei anderen weniger. Der hinter vorgehaltener Hand stets in den Kulissen lauernde Vorwurf: „Der muss sich aber für sehr wichtig halten, um so ein dickes Buch mit sich selbst zu füllen", dieser Vorwurf lässt manchen Schreiber zögern, mich auch.

Aber, wenn auch Omus Seufzer: „Mein scheuer Michel..." immer noch zutreffend präsent ist, z.B. wenn es um das Ansprechen fremder Menschen auf Cocktailempfängen, oder das Fragen nach dem rechten Weg in einer fremden Stadt geht, so steckt in mir gleichzeitig ein kleiner Exhibitionist. Ich gebe offen zu, dass ich Vorträge vor großem Publikum und das Lesen aus diesem Buch durchaus genieße, etwa wie ein Schauspieler den Bühnenauftritt.

(Übrigens: keine Lesung hab ich mehr genossen, als jene in Blankenese für Nike und ihre neunundsiebzig Kamerad(inn)en).

Auch bin ich mir darüber im Klaren, dass mich das Publikum nun ganz genau kennt, dass ich nunmehr vor aller Welt sozusagen in den Unterhosen dastehe. „Wie Peter Schlemihl seinen Schatten an den Teufel, hab ich einen Teil meiner selbst an die Öffentlichkeit verkauft"(G.v.B.) - oder eben nicht „verkauft", da ich auf alle Tantiemen verzichte, sondern „verschenkt".

Aber eine Selbstbestätigung - „die besonders dann nötig ist, wenn sie von anderen nicht kommt"(G.v.B.), die hab ich gewiss nicht gesucht; hatte ich auch nicht nötig bei all den vielen, mehr oder weniger verdienten Ehrungen, die mein Beruf und mein Alter so mit sich brachten.

Bleibt noch als letzter Beweggrund, dieses Buch zu schreiben, der Versuch, aus meiner Lebensgeschichte so etwas wie „ eine Geschichtsschreibung von unten" (G.v.B.) zu vermitteln. Das Fach Geschichte hat mich in der Schule von Beginn an fasziniert. Und man kann ohne Übertreibung behaupten, dass das erste Drittel meines Lebens mit der schrecklichsten und faszinierendsten Katastrophe der Neueren Geschichte zusammenfiel. Darüber als Zeitzeuge auszusagen war mir ein wichtiges Anliegen. Und dabei der ebenso faszinierenden wie bis heute ungelösten Frage nachzuspüren, wie es dazu kommen konnte.

Und darzustellen, wie Opfer und Mitläufer (ich erwähne keine Täter) damals, sofern sie überhaupt in der Lage waren nachzudenken, und heute, nach 55 Jahren, mit dieser Frage umgehen. Um „political correctness", ob von links oder von rechts eingefordert, habe ich mich dabei nie gekümmert. Ich habe alles beschrieben, so wie ich es selbst erlebte.

Man könnte meinen, dass ich mir das hätte sparen können, bei der veritablen Tsunami an Veröffentlichungen zum Thema, die uns gerade zur Jahrtausendwende überschwemmt. Und doch gab es in der allerletzten Woche zwei Ereignisse, die dem „Rückkehrer" eine gewisse, eine bescheidene Daseinsberechtigung zu bestätigen scheinen. Das eine war jene Lesung in Blankenese, das zweite der Ausruf einer entfernten Verwandten, einer charmanten Cousine meiner Frau.

Diese liebenswerte und gewiss intelligente Frau, etwa Mitte der Sechziger, bedankte sich, anlässlich eines Konzerts in Vorarlberg bei meinem Schwager, dem Cellisten, überschwänglich für das Geschenk des „Rückkehrers". Sie habe das Buch in einem Zug durchgelesen und dabei erstmals (Sic!) das ganze Ausmaß der Tragödie begriffen. Bis dahin habe sie alle „Holocaustgeschichten" als übertrieben, als unglaubwürdig abgetan(!).

Nun spricht das weniger für die Qualität des Buches als für die unglaubliche Unwissenheit dieser freundlichen Cousine, die zwar fernab in Siebenbürgen aufwuchs, wo eine völkisch-deutsche Gesinnung seit einem Halbjahrtausend geradezu zwingend zur alltäglichen Überlebensstrategie gehörte, doch dann seit immerhin zwei Jahrzehnten in Österreich ansässig ist. Sicher kommt bei ihr ein gerüttelt Maß an Desinteresse an allem, was mit Politik zu tun hat, hinzu. Und trotzdem...

Und die Blankeneser Lesung? Will man den Beteuerungen der vier anwesenden Lehrer und auch der Schuldirektorin Glauben schenken, so werden die Kinder diese eineinhalb Stunden nicht so bald vergessen. Sie, die Lehrer, hatten ja auch ihre Schüler über Wochen ganz gezielt auf unser Thema vorbereitet. Man hatte Bücher gelesen, Plakate gemalt, Filme gesehen, hebräische Lieder einstudiert und Geld für einen „Stolperstein" vor Ida Dehmels Blankeneser Haus gesammelt.

Ida Dehmel war die jüdische Witwe des Dichters Richard Dehmel, den sie bis zu ihrem Freitod (1942) um zweiundzwanzig Jahre in Blankenese überlebte. „Stolpersteine" sind kleine Metallplatten, die an die

Opfer des Nationalsozialismus erinnern, und zwar in der Regel dort, wo sie gewohnt haben. Sie enthalten die Namen und die Lebensdaten der Toten und werden fest in die Gehwege eingelegt.

Gleichzeitig gab es, vom 12. April bis zum 18. Mai 2004, für die Erwachsenen Vorträge, Konzerte, Lesungen, Theateraufführungen und eine Ausstellung zum Thema „Jüdisches Schicksal in Blankenese". Ich war von alledem sehr beeindruckt, und dankbar, ein klein wenig zum Gelingen beitragen zu dürfen.

Sämtliche Zitate stammen von Günter de Bruyns Essay: „ Das erzählte Ich - über Wahrheit und Dichtung in der Autobiographie", S. Fischer, 1995

*„Der Rückkehrer – Skizzenbuch eines Chirurgen"

von Michael Trede

Ecomed Verlag, Landsberg, 3. Auflage, 2003

ISBN 3-609-16172-8

Goldgarben-Variationen (Achillea filipendula) (7.7.02)

Die Ehe ist wie das Skifahren

„Es muss immer so vieles zusammenkommen, damit es auch Spaß macht!", meinte meine Frau neulich genervt mitten auf einer vereisten Skipiste. Gleich fiel mir ein, dass das Gleiche auch für das Leben in einer Ehe gilt. Gemeinsam begannen wir beides zu analysieren, Ehe und Skifahren.

Fangen wir mit dem Wintersport an. Alles hängt ab vom Schnee, vom Wetter, der Ausrüstung, von der Gegend und von den Mitmenschen.

Ohne Schnee geht gar nichts. Doch zuviel Schnee bringt gleich Lawinengefahr. Neben Quantität zählt auch die Qualität des Schnees. Die Skala reicht von der steil-vereisten Piste, mit der diese Betrachtung begann, bis zum elastisch-weich gewalzten Teppich, der sich, 50 m breit, in sanften Wellen talwärts senkt. Dazwischen gibt es eine Vielzahl mehr oder weniger unangenehmer Varianten: Bruchharsch, Windwehen und Wechten, oder schwer-nasser Pappschnee.

„Es gibt kein schlechtes Wetter, nur schlechte Kleidung!" meinte meine resolute Großmutter Anna immer. Aber mit dieser Pfadfinderweisheit kommt man im Winterurlaub nicht weit. Natürlich ist Sonne Trumpf. Denn Sonne bedingt auch Schatten und somit gute Sicht. Ohne Sicht gerät das Skifahren zu einem Blindekuhspiel mit erhöhter Verletzungsgefahr. Die Sonne aber hebt das Lebensgefühl. Wie Tausend Diamanten glitzert der Schnee und die Berge leuchten in ihrer erhabenen Majestät. Doch zuviel Sonne kann uns wiederum zum Schwitzen bringen. Den Schnee übrigens auch. Und wenn er dann über Nacht wieder friert? – schon erwarten uns morgens früh jene Eisplatten. Der Widerpart von Sonne ist Kälte und Wind. Durch Wind dringt Kälte doppelt tief. Da können Backen und Nasenspitzen schon mal regelrecht erfrieren – fast wie zu weißem Marmor. Außerdem verbläst der Wind den Schnee und häuft ihn zwischen blankgefegten Platten zu unregelmäßigen Wechten und Verwehungen. Jedermann sieht ein, dass es mal schneien muss (s. oben). Aber fünf Tage Schneetreiben hintereinander drücken auf das Gemüt des optimistischsten Inhabers eines Ein-Wochen-Abonnements.

„D'Üsrüschtig", wie mein Saaser Bergführer Xaver Bumann sie (die Ausrüstung) nannte, ist heute kein Problem mehr. Außer für den Geldbeutel. Ich erwähne sie nur der Vollständigkeit halber und in Gedanken an frühere Blasen wegen steifgefrorener Lederstiefel, vereisten Fingerspitzen in nassen „Norwegern" und vielen, vielen Verstauchungen und Brüchen auf Holzskiern mit Kandaharbindungen.

Die Gegend spielt schon auch eine Rolle. Die meisten Menschen kehren wie die Lemminge alljährlich zurück zu den vertrauten Hängen und Idiotenhügeln. Irgendwo versteckt im Hintertux etwa. Andere zieht es zu den 245 km präparierten Pisten rund um Zermatt – einschließlich Matterhornblick.

Und das führt uns zum letzten Punkt: Zu den Mitmenschen. „Geteiltes Glück ist doppeltes Glück". Und deshalb macht das Skifahren alleine wenig Spaß. Aber zu viele Mitmenschen, vor allem an den Liftschlangen, können einem den Winterurlaub regelrecht vergällen. Und das ärgerlich Paradoxe dabei ist: Bei Schönwetter sind die Lifte überfüllt, weil alle fahren wollen; bei Schlechtwetter sind sie es auch, weil sich das zusammengeschmolzene Häuflein der Unentwegten an den einzigen noch offenen Lift drängt. Sie sehen: „Es muss schon viel zusammenkommen ..."

Aber wie viel mehr gilt dies für eine Ehe (!). Ganze Bibliotheken befassen sich nur mit dieser Problematik, und ganze Bataillone von Eheberatern, die meisten davon geschieden, bieten ihre, nicht immer ganz uneigennützige Hilfe an. So will ich mich auf einige wenige Aspekte beschränken. Und das auch noch aus der Sicht eines Mannes. „Das kann ja nur schief gehen. Ich halt mich da raus", sagte meine Frau und ließ mich mit dem Problem allein.

Früher spielten Parameter wie Herkunft, Erziehung, Bildung, Religion ja und auch die Hautfarbe eine Rolle. Das Mitspracherecht der Eltern, die Armut und das Postkutschenverkehrstempo sorgten u.a. dafür, dass hier alles mehr oder weniger „stimmte". Heute reicht die bloße Andeutung dieser Punkte, um einen in die erzkonservative Ecke zu stecken. Also lassen wir das.

Wenden wir uns den politisch zwar weniger inkorrekten, dafür aber umso verfänglicheren Problemfeldern zu. Zum Beispiel: *Er* ist ein pedantisch-ordentlicher Frühaufsteher, trinkt nicht, raucht nicht und hört abends gerne Wagner-Opern mit stereophoner HiFi-Anlage. *Sie* rekelt sich morgens gerne länger im Bett, steckt sich eine brennende Zigarette ins Gesicht und dreht dabei das „Heavy Metal" der „Bösen Onkelz" auf mehr als Zimmerlautstärke. Wie soll das gut gehen?

Oder: *Sie* drückt die Zahnpastatube, wo sie gerade hinlangt, etwa in der Mitte. *Er* rollt das ganze sitt- und sparsam vom hinteren Ende auf. Wenn ich es mir genau überlege, so lassen sich (fast) alle Höhen und Untiefen des Lebens zu zweit in dieser kleinen Zahnpastaparabel darstellen. Ist es nicht so?

Aber was reden wir so lange um den heißen Brei? Es will zwar keiner zugeben, aber letztlich dreht sich doch alles um „das Eine". Zu Anfang auf jeden Fall. Und dann immer wieder und weiter bis zur goldenen Hochzeit. Oder bis zur Scheidung. Es geht im Klartext um „das Sexuelle". Das klang übrigens bei meiner Mutter, die das Wort nur ungern und selten gebrauchte, wie „Sexwelle". Die Sexwelle also erfasst den Mann – die Frau – wie einer jener Pazifikbrecher auf Bondi-Beach. Sie wirbelt einen kopfüber/kopfunter und bis man wieder festen Boden unter den Füßen spürt, ist es zu spät. In dem Moment, da Amors Pfeil trifft und in den Tagen und Wochen, da die Wunde immer tiefer bohrt und glüht, weiß man noch nicht genau, was es nun mit der Sexwelle – im Bezug auf die angebetete Auserkorene – wirklich auf sich hat. Sie weiß es natürlich auch noch nicht. Dabei muss doch so vieles zusammenkommen, damit es auch Spaß macht...

Die Skala reicht bei der Frau von Lesbos bis zur Nymphomanie. Für den Mann gilt das Gleiche – nur umgekehrt. Möge mich dieser Nebensatz vom Macho-Vorwurf befreien.

Wenn sie also Lesbierin ist, wird nichts aus der Goldenen Hochzeit. Dabei sind viele Lesbierinnen verheiratet, vielleicht weil sie erst nach der Hochzeit spüren, wo sie hingehören. Viele Frauen leiden unter Frigidität – physisch oder zumindest psychisch. Manche unter ihnen sehen im Geschlechtsverkehr „ein Schicksal schlimmer als der Tod". Zahlreicher sind die mehr oder weniger psychisch Frigiden. Sie machen zwar mit – aber tragen wenig dazu bei. Manchmal träumen sie so vor sich hin. Sie sind nicht ganz bei der Sache. Dann wieder ertappt man sie (und sich selbst) bei einem Gähn-, Husten- oder Lachanfall, der ihnen dann irgendwie peinlich ist. Höhepunkte, wenn überhaupt, werden aus purer Freundlichkeit vorgetäuscht.

Aber wünscht man sich wirklich eine Nymphomanin? Sie ruiniert ihre Liebhaber (auch physisch!) lange vor jeder Hochzeit und hastet ewig unbefriedigt von einem zum nächsten.

Was ist nun?! Gibt es sie denn überhaupt, die ideale Ehefrau, so wie die idealen Skiverhältnisse: Sonne, Pulverschnee und leere Pisten mit Matterhornblick?! Ja, es gibt *sie*. Aber ich werde mich hüten zu verraten, wo *sie* zu finden ist.

Schwarzseealm bei Davos (4.3.04)

Der alte Clown

Irgendwann haben alle schon einmal von ihm gehört - dem alten Clown, dem am Ende nur noch Mitleid, doch kein Beifall mehr gespendet wird.

Laurence Olivier hat ihn einmal meisterlich gespielt, den ehemals berühmten Star, dem im Alter nur noch Nebenrollen auf Provinzbühnen angeboten werden, und die immer seltener. Bis er schließlich, selbst als Clown auf Jahrmärkten, keinen mehr zum Lachen bringt.

Dieses Schicksal trifft auch andere, Musiker zum Beispiel. Einst saßen sie am ersten Pult der Berliner Philharmoniker oder sie standen als gefeierte Solisten auf den großen Podien der Welt - für große Gagen. Das ändert sich dann im Alter, zunächst langsam und kaum bemerkt, dann immer rasanter: Die Podien werden kleiner, das Publikum auch, auch die Gagen. Bis man dem einst so vergötterten Solisten in einem abgelegenen Kirchenkonzert begegnet, einem Benefizkonzert versteht sich, zusammen mit achtzehn (genau abgezählten) weiteren Zuhörern. Er spielt schon seit einigen Jahren, gar nicht einmal schlecht, aber „selbstverständlich unentgeltlich" und, wenn's sein muss, auch vor einer Handvoll Publikum.

Doch noch ganz andere Künstler sind betroffen. Oder sagen wir besser *Lebens*künstler. Sogar Chirurgen zählen dazu. (Sie sehen, wir nähern uns dem Thema!)

Ja, es gibt immer wieder Chirurgen, die es nach Erreichen der Altersgrenze nicht lassen können. Das sind oft weltbekannte, hochdekorierte Koryphäen, die in Berlin, München, Erlangen oder Ulm, zum Beispiel, nach der Emeritierung *weiter* operieren. Direkt vor der Haustür ihres Nachfolgers, und auch noch stolz darauf sind. Meistens geht das nicht lange gut. Dabei muss es nicht unbedingt so deletär verlaufen, wie bei Professor Ferdinand Sauerbruch seinerzeit in Berlin...

„Selber schuld!", werden Sie sagen, „sollen sie doch rechtzeitig aufhören, vor dem Abstieg!"

Doch wer hängt der Katz' die Schelle um?

Mir passiert das nicht. Da war ich mir sicher. Und als der Ruhestand nahte, war ich gut vorbereitet - mental: Ich hatte mir ganz einfach vorgenommen das Operieren nicht zu vermissen. Dass es auch noch anderes auf dieser Welt gibt als das Operieren, das wusste ich schon lange.

Aber wie steht es mit Kongressbesuchen, „Vorsitzen" oder gar Vorträgen?

Nun, die könne man ja so allmählich auslaufen lassen. Kongresse befreundeter Chirurgenvereinigungen kann man nicht gut auslassen, schon aus Loyalität gegenüber denen, die einen in grauer Vorzeit zum Ehrenmitglied gewählt hatten. Und, wenn man schon da ist, fällt es schwer einen „Vorsitz" abzuschlagen. Aber Vorträge? Über dieser Frage steht (kaum leserlich zwar) der Leitsatz:

„Wer nicht mehr selber operiert, soll sich mit Ratschlägen und Diskussion zurückhalten!"

Und dann erreichte mich, sieben Jahre nach der Emeritierung, die schmeichelhafte Bitte, auf dem Österreichischen Chirurgenkongress einen Vorsitz und einen Vortrag in Wien zu übernehmen. Die Einladung zum Präsidenten Dinner hatte ich bereits angenommen.

So konnte ich das Weitere nicht gut ablehnen.

Ich sagte zu und machte mich an die Arbeit.

Als Vortrag war ein „Workshop" zu früher Morgenstunde (7.30 – 8.30 Uhr) vorgesehen unter dem Titel „Tipps und Tricks". Mein Beitrag sollte sich mit den Schwierigkeiten der Pankreasanastomosen befassen (Für Laien: Die Naht mit der ein Rest der Bauchspeicheldrüse mit dem Dünndarm möglichst „wasserdicht" verbunden wird), ein Dauerbrenner unter den Kongressthemen, denn wenn diese Naht auch nur ein kleines Leck aufweist, kann das tödliche Folgen haben. Und so ist dies (auch heute noch) *mein* Thema.

Zwar sollte ich keinen formalen Vortrag halten, sondern vielmehr eine Diskussion ankurbeln, Rede und Antwort stehen. Doch einige Diapositive, ein Videoclip sogar, sollten die Sache beleben. Bei der Vor- und Zubereitung des Ganzen in eine, mir ungewohnte, „Power-Point-Präsentation", stand mir ein Assistent meines Nachfolgers an der Mannheimer Klinik hilfreich zur Seite.

Eingedenk jenes oben zitierten Leitsatzes, wollte ich eine apologetische Einleitung vorausschicken. Etwa so:

„Meine Damen und Herren - Guten Morgen!

Die gute Nachricht zuerst: Ich kann auf über 600 Pankreasanastomosen mit einer Leckagerate unter fünf und einer Letalität unter 2% zurückblicken.

„Zurückblicken" ist gut! Denn jetzt kommt die schlechte Nachricht:

Meine letzte Pankreasanastomose liegt sieben Jahre zurück.

Aber da sich in dieser Zeit (fast) gar nichts geändert hat, wage ich es dennoch...usw."

Und dann, als alles fertig, auf eine CD gebrannt und geprobt war, stürzte ich einen Tag vor der Abreise nach Wien vom Fahrrad. Ich war, einem Automobil ausweichend, in eine Straßenbahnschiene geraten. Noch während ich mich dem Straßenpflaster näherte, schießen „Radiusfraktur", „Beinbruch" und „Schädelhirntrauma" durch meinen Kopf sowie die nun unausweichliche Absage an Wien. Aber, es war *nur* das Knie. Allerdings, das Rechte, erst ein halbes Jahr zuvor Operierte. In Windeseile war es zu einem Ballon angeschwollen (Erguss!). Doch ich konnte, wenn auch unter Schmerzen, darauf stehen, kein Bänderriss also, und sogar gehen, bzw. hinken. Ich beschloss, die Behinderung so lange wie möglich (es war nicht lange möglich!) vor meiner fürsorgenden Ehefrau zu verbergen, um dann am nächsten Morgen doch noch die achtstündige Bahnfahrt (zweimal Umsteigen) Mannheim - Wien anzutreten. Einen Vortrag hatte ich noch nie abgesagt. Und „5 vor 12" konnte ich die Wiener Gastgeber auch nicht im Stich lassen.

Die Bahnfahrt verlief glimpflich. In Wien war Kaiserwetter. Das Wiedersehen mit so vielen befreundeten österreichischen Kollegen ein Vergnügen.

An jenem Freitag klingelte der Wecker um 6 Uhr in der Früh. Kniehalber war reichlich Zeit für die arg beschwerliche Morgentoilette samt Garderobe (das Anziehen der rechten Socke!) einkalkuliert.

Um 7.15 Uhr meldete ich mich im Radetzky Saal in der Hofburg. Vor zwei Jahrhunderten tanzte hier der Wiener Kongress. Jetzt war die Österreichische Gesellschaft für Chirurgie dran.

Alles war perfekt vorbereitet. Hilfreiche junge Männer in weißen T-Shirts hatten meine Power-Point-Präsentation installiert und mich in die Bedienung des Computers eingewiesen. (Na gut, es ging ja auch nur um *eine* Taste.)

Noch zehn Minuten. Natürlich war der schmucke Barocksaal noch leer.

Chirurgen sind pünktlich, die kommen erst um 7.29 Uhr.

Inzwischen warteten 65 barocke Samtstühle geduldig darauf in *Besitz* genommen zu werden

Geduldig war ich auch. Ich spielte auf der Tastatur, spielte die Bilder noch einmal durch.

Und dann kam einer. Ein ziemlich junger Kollege, und setzte sich vorne links in die erste Reihe. Auch er trug ein weißes T-Shirt. „Kein Wunder, bei dem Kaiserwetter", dachte ich noch.

Doch als er um 7.30 Uhr noch immer alleine da saß, begann ich mir Gedanken zu machen...

Und verließ zu diesem Zweck noch einmal kurz den Saal (also, zum Nachdenken).

Wie sollte ich nun beginnen? Wie ihn anreden? „Meine Damen und Herren?" ...Quatsch!

Aber ich würde den so sorgsam vorbereiteten, weit (und schmerzhaft) angereisten Vortrag auf jeden Fall halten. Sicher, ich hatte schon oft ein ganz anderes Publikum gehabt: Zweieinhalb Tausend waren 1984 zum „Lebertrauma"-Vortrag nach San Francisco gekommen; Zwölfhundert zum „Pankreaskarzinom" in Chicago 1996... Doch wie heißt es so richtig in der Bibel? „Wo zwei oder drei in meinem Namen versammelt sind..."(In der Synagoge, allerdings, wird ein Zehnerquorum verlangt, glaube ich – und da zählen auch nur die Männer).

Diese Gedanken eilten durch meinen Kopf, als der Uhrzeiger sich der 7.45 Uhr-Marke, dem akademischen Viertel, dem „cum tempore" näherte.

Jetzt muss ich wohl anfangen. Ein letzter Griff zur Krawatte, wobei mir auffiel, dass ich unter all diesen österreichischen Kollegen offenbar der *einzige* war, der diese Krawatte der Ö.G.C. am Hals hatte, ein Griff zur Krawatte also, und ich betrat den prächtigen Radetzky Saal ein zweites Mal.

Und erst jetzt bemerke ich den Rücken des einzigen „Kollegen". Kein Zweifel, dort stand in großen Buchstaben, schwarz auf weißem T-Shirt: „STAFF".

Er war also gar kein Kollege, sondern nur ein Bediensteter der Kongressorganisation.

Es war also gar nicht „ *nur einer*" gekommen.

Es war keiner - *gar keiner* – gekommen, um noch einmal die Purzelbäume des alten Clowns zu bewundern...

Der Jockelishof bei Hinterzarten (13.2.06)

C.V.

Foto: Dietmar Lange

Michael Trede wurde 1928 in Hamburg geboren.

Der Vater, Dr. phil. Hilmar Trede, war Musikwissenschaftler; die Mutter, Gertrud, Musikerin, stammte aus einer jüdischen Arztfamilie christlichen Glaubens. 1939, sechs Monate vor Kriegsbeginn, konnte sie mit ihrem Sohn nach England fliehen. Die übrigen Mitglieder ihrer Familie (Mutter, Bruder und Schwester) kamen in Konzentrationslagern um.

Ein Stipendium ermöglichte ihm das Medizinstudium an der Universität Cambridge (1947-53).

Als naturalisierter Engländer, absolvierte er seine Wehrpflicht als Captain im Royal Army Medical Corps in West-Berlin (1955-57).

Dort lernte er seinen Lehrer, Professor Dr. Dr.hc. mult. Fritz Linder, den Direktor der Chirurgischen Klinik an der Freien Universität Berlin und seine spätere Frau, die Kirchenmusikerin und Pianistin, Ursula Boettcher, kennen. Beide bewogen ihn nach Deutschland zurückzukehren.

Fünfzehn Jahre war Trede Assistent und später Oberarzt unter seinem Chef, Linder - 1957-62 in Berlin und 1962-72 an der Universität Heidelberg. Es war ihm noch vergönnt ein großes Spektrum der Chirurgie von der Herz- und Gefäßchirurgie, Thorax- und Abdominalchirurgie bis zur Nierentransplantation zu erlernen und zu praktizieren.

Von 1972 bis 1998 war Trede Direktor der Chirurgischen Universitätsklinik in Mannheim.

Hier galt sein Hauptinteresse der Pankreas-, Leber- und Minimal Invasiven Chirurgie. Seine wissenschaftlichen Arbeiten umfassen ca. 500 Titel, darunter „Surgery of the Pancreas", das mit Sir David Carter in zwei Auflagen erschien, sowie „Das Chirurgische Skizzenbuch" (Thieme Verlag, 1997).

2001 erschien die Autobiographie, „Der Rückkehrer" (Ecomed Verlag, drei Auflagen)

Trede ist Ehrenmitglied zahlreicher ausländischer Chirurgengesellschaften, darunter auch aller vier Royal Colleges in London, Dublin, Glasgow und Edinburgh. Die Universität Edinburgh verlieh ihm 1995 den Ehrendoktortitel.

1994 war er Präsident der Deutschen und 1993-95 Präsident der Internationalen Gesellschaft für Chirurgie.

1998 wurde ihm vor der Emeritierung das Bundesverdienstkreuz verliehen.

In seiner Freizeit widmet er sich seiner Familie, seinem Garten, dem Geigenspiel, der Malerei, und dem Bergsteigen.

Mit seiner Frau Ursula, fünf Kindern und zwölf Enkeln feiert er 2006 die Goldene Hochzeit.